互联网下半场

李光斗 ◎ 著

SECOND HALF
OF
INTERNET

中国人民大学出版社
·北京·

序

如何把握互联网下半场的财富机会？

互联网的出现极大地改变了我们所在的这个世界，互联网的下半场正把所有人带向更广阔的未来。

当网民从信息的被动接收者变为主导者，预示着互联网的上半场已然落幕，下半场悄然而至。我们正站在互联网的十字路口上，不得不扬弃传统互联网经济的经验，重新审视互联网的发展方向，思考新经济的商业逻辑。

传统互联网时代是入口经济，得流量者得天下。首先出现的是门户网站，网民必须进入网站，才能得到想要的信息。门户网站的勃兴拉开了流量之争的号角，在中国诞生了新浪、搜狐、网易、腾讯四大巨头；搜索框时代让人与信息的联系更加紧密，百度一骑轻尘，与腾讯阿里并列 BAT 三巨头；再之后，微信这个超级 App 出现，入口出现了新霸主。

但是随着互联网下半场的来临，仅仅卖流量已经不够了。IT 技术的进一步发展推动了移动互联网、智联网、物联网、人工智能等新技术的涌现。新风口华丽登场——入口随时随地。各个平台的争夺，无论是门户、搜索引擎还是App，正演变为对"入口"的抢占。谁拥有能与用户持续沟通的入口，谁就拿到了互联网下半场的入场券。

互联网下半场最大的特征是流量经济过渡到粉丝经济，商业逻辑也随之发生变化，催生了粉丝即用户、网红直播、内容即品牌、媒介即渠道、分享经济、社交众筹、泛娱乐化等新浪潮。用户个体价值得到前所未有的重视，资源配置方式重组。本书关注互联网下半场引发的商业变革，探寻互联网下半场的财富机会。针对移动互联网和智能互联网的快速迭代，解析企业如何站稳脚跟、转型升维，未来的方向在哪里。

"风流总被雨打风吹去"，中国互联网结束了野蛮生长的时代，在动荡和摸索中完成了成人礼，对下半场的入场者也更为挑剔。然而很多企业还没有找到应对互联网新风口的方法，传统企业进入战略迷茫期，互联网焦虑迅速蔓延，所有人都害怕有一天被降维打击。大浪淘沙，有人掉队，有人迎头赶上。有的企业岌岌可危，有的企业浴火重生。本书通过解剖传统企业和互联网企业成功转型的案例，总结出互联网下半场的六大铁律，也印证了很多互联网业内人士对未来的洞见。

一切刚刚开始，转型还在继续。在可以预见的未来，互联网将迎接一场颠覆性的智能革命。人与机器的互动将变得更加亲密，机器正在读懂人类的心思，物联网和人工智能会像今天的手机一样，将走进千家万户。现在是"人读书"，人与书做单向的沟通。未来就是"书读人"，你所有的喜好都会暴露在智能互联网面前：喜欢什么样的内容、偏爱哪位作者、关注什么样的话题。互联网会对你了如指掌。不是你读"书"，而是"书"读你，不是你上网，而是网上你，互联网呈现在你眼前的，都是你喜欢的。未来，人与机器将越来越紧密地融合在一起，世界每天都会让你惊诧莫名……

当新事物来临，我们都应该心怀敬畏，甘当小学生。移动互联网当前呈现在我们面前的只是冰山一角，智能互联网冰山下还有更广阔的天地。

目 录

第一章 站在互联网的十字路口

互联网的诸侯杀 / 3

BAT "互联网+" 生态战略：连接一切才能决胜未来 / 11

掌握了这六大铁律，就掌握了互联网下半场的入场券 / 18

第二章 粉丝即用户

"我"时代创富逻辑颠覆：粉丝经济、网红经济 / 27

三体合一：消费者介入生产，个性化组装时代来临 / 33

互联网企业的负翁经济学 / 39

第三章 内容即品牌

自媒体和自商业是未来的商业主流，内容创业风口刚起 / 47

特朗普的胜利是自媒体对传统媒体的胜利 / 54

知识经济时代来临 / 64

第四章　媒介即渠道

让消费者发现你比你发现消费者更重要 / 73

传播新势力：钩瘾型媒体称霸江湖，你 out 了吗？/ 79

第五章　游戏化思维

如何用娱乐思维改造传统行业？/ 87

如何用游戏化思维管理 90 后员工？/ 94

如何衡量互联网产品的价值：赌场、电子游戏、互联网的成瘾机制？/ 103

第六章　一切皆是分享，一切皆是社交

经济转型：从独享经济到分享经济 / 113

分享经济时代：人人都是创客 / 120

社交创富：如何成为社交富翁？/ 125

互联网时代，企业如何导入社交战略？/ 133

第七章　互联网下半场，企业转型六脉神剑

战略神圣化 / 145

品牌故事化 / 151

产品神秘化 / 157

营销组织化 / 162

传播社会化 / 168

企业家 IP 化 / 174

第八章 互联网的未来简史

二次元经济和高维度思维 / 183

什么是 AR、VR、MR？ / 188

智慧城市会消灭雾霾吗？ / 193

未来企业的发展方向 / 201

未来的汽车是什么样？ / 208

未来的搜索引擎竟是一部"时空穿梭机" / 222

未来小编不仅编文还能编人：人类将不止一个爸一个妈！ / 228

人类的下半场会被人工智能奴役吗？ / 233

附录一 案例

1. 如何用互联网思维卖月球？ / 241

2. 反周期生存：耐克的移动互联网社交战 / 247

3. 解密美国创新生态：硅谷凭什么孕育出那么多"独角兽"？ / 253

4. 新浪再生,微博的三大战略和三个风口 / 262

5. 海尔:传统企业互联网化的标杆 / 268

6. "京条计划"带给我们的启示 / 277

7. 共享单车后,汽车、飞机皆可共享,你想到的都能共享 / 289

附录二 对话

1. 张瑞敏私聊网红、网器、接班人,战略迷茫期互联网如何转型? / 297

2. 对话陈年:黑天鹅频现,如何反脆弱? / 312

第一章
站在互联网的十字路口

互联网的诸侯杀

BAT"互联网+"生态战略:连接一切才能决胜未来

掌握了这六大铁律,就掌握了互联网下半场的入场券

互联网的诸侯杀

"在信息极大丰富的世界里,唯一稀缺的资源就是人的时间和注意力。"凯文·凯利在《必然》中这样说道。谁能在最短的时间里吸引更多用户,谁就是最后的赢家。

互联网曾经有巨大的泡沫,如今很多人问:移动互联网有没有泡沫?这个泡沫什么时候破裂?我个人觉得移动互联网没有泡沫。移动互联网正在改变我们社会生活的各个方面,因为当年的互联网是一个被泡沫化了的工具,而现在的移动互联网是一个实实在在的、我们每个人都在使用的工具。而且这种工具正在改变我们的行为方式,很多人在开车或者等红绿灯的时候都要拿出手机看看微信朋友圈中发了什么消息。

回顾互联网的上半场:最先迎来的是"门户时代"。PC端所有的信息主要来源于各大门户网站。在百度独领风骚之前,要了解信

息就要通过新浪、搜狐、腾讯、网易等门户网站，然后通过不同频道了解实时的新闻动态，不必苦等报纸刊载。相比传统媒体来说，门户网站直接过滤了新闻采访、排版、印刷等环节，让信息以最快的速度出现在网页上。

在四大门户里，腾讯曾经异军突起，开发了即时通信工具QQ。QQ集聚了大量的用户，产生了用户的黏性。年轻人是挂在QQ上的，QQ成为他们的一种生活方式，其实QQ就是社交的雏形。互联网的下半场出现了一个关键词，就是"社交"。互联网巨头都有社交焦虑症，张朝阳的搜狐就是被社交时代抛弃了，他没有抓住社交。而新浪微博在引入了阿里巴巴之后，又靠娱乐八卦迎来了第二春。虽然微博是向推特学来的，但是微博现在的影响力被再次放大，它的市值已经超过了推特。

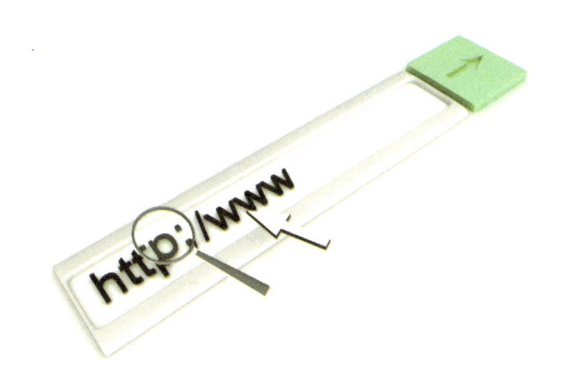

"门户时代"之后，互联网又出现了一种新的趋势：搜索框经济。门户时代最值钱的就是各门户网站在首页顶端开的那些自留地上面的关键词小方块。搜索时代是消费者不满足于网络提供的这些海量信息，他们要主动搜索，于是就出现了搜索框。用户可以在浏览器的搜索框里输入关键字，然后筛选出自己想要的内容。中国的搜索框时代是一个信息控制的时代，它通过入口干预决定你能搜到什么内容，让你看到想看到的，屏蔽不想让你看的内容。

最早的搜索非常烦琐，但搜索引擎发展非常快。现在百度成为中国最大的信息垄断入口。它之所以能打败谷歌在中国发展的风生水起有两个原因：一是百度打出的口号是"百度更懂中国"，二是由于政策壁垒。百度取代谷歌成为防火墙内中国最大的搜索引擎，在PC端呈垄断态势。百度虽然建立了人和信息的联系，在二者之间找到了连接点，但是，百度虽然拥有庞大的搜索量，却很难产生黏性用户，用户使用完即离开，这也是其最大的软肋。

再之后App的出现，满足了用户定制化的需求，给移动互联网的手持终端带来了更加个性化的体验，增加了用户黏性。以前看新闻要登录门户网站或者百度搜索，而现在只需要下载新闻客户端App在手机桌面，一键打开就可以实时关注新闻动态。

大数据对于互联网公司来说，是一个"宝藏"。什么是大数据？怎样获得大数据？怎样应用大数据？是近几年一直在探讨的话题。大数据来源于我们日常生活的方方面面，保存着你的消费信息，记载着你的搜索记录，甚至将你的行为习惯也摸得清清楚楚。大数据的应用价值在于企业将这些巨量资料作为分析消费者各种消费行为的依据，最终达到不浪费一兵一卒的精准营销的目的。

应用大数据、挖掘大数据背后的价值不仅仅是营销方式上的一种创新，这也是人类步入智能时代的跨越。试想一下，在无须进行深度访谈的情况下，就能够智能化地描述你生活、工作的日常状态，这样的数据还原功能就是智能革命的胜利成果。

尽管大数据和云计算在过去的一年里传遍大街小巷，但英雄似乎并没有找到用武之地，正处于垄断状态的数据资源应用范围十分有限。但不可否认的是，一旦大数据应用普及，智能化时代的影子将会愈加清晰。网络拥有海量的信息等待发掘，对于用户来说，他们希望拥有的信息更多、速度更快、体验更好。而对于互联网企业来说，如何把海量资源快速筛选并传送给用户，同时牢牢吸引住用户是成败的关键。

智能时代来临已经是大势所趋，全球的很多知名公司都已经感知到了这一讯息，不断在人工智能领域进行尝试和探索。在智能时代，人们常态的生活方式都会被颠覆，一切为之所用的物品都可能被打上智能化、仿人类的标签。未来你的生活将会被智能化所包围，智能汽车感知你的出行需要，智能床垫测评你的睡眠质量，智能房子自动为你调节室内温度和湿度，智能医疗设备帮你诊断身体的不适……未来所有我们用到的物品都可能会表现出人类智力活动的特征，人类智能化的特征将会在它们身上得以体现。

随着人工智能和 IT 技术的发展，互联网迎来了下半场的新风口。这里出现了一个新的关键词——社交。互联网不仅仅是一种通信工具，还出现了社交的需求。"入口随时随地"是未来互联网的发展趋势。谁掌握了入口，谁就掌握了未来。各个平台的争夺，无论是门户、搜索引擎还是社交 App，归根结底是对"入口"的抢占。所谓"入口"就是用户需求。入口很大程度上决定了用户总数最多的那一群人的使用习惯。脸书是社交入口，百度是搜索入口，阿里巴巴和京东是网上购物入口。大家都在寻找把网民一网打尽的方法。马云之所以"社交之心不死"，也是因为他恐惧微信的强大流量入口。一旦阿里的流量减少，马云的电商老大地位就将受到挑战。

入口随时随地，虽然听起来简单，但却是一个渐进的过程。越是简单的东西越要经得起推敲。苹果手机和诺基亚手机有一个共同点：简捷。前者外观线条明快，使用方法便捷，但极简主义的外表下是强大的技术支持。而诺基亚，把简捷用在了技术上，单薄的应用和操作难以支撑日益增长的用户需求。二维码更是如此，看似简单，用户扫一扫就可以进入应用。但真正考验研发者的是用户进入应用后是否会继续关注？是否会在下一次有需求时主动使用？

用户随时随地，将产生新的"杯水主义"：用过即弃，见异思迁。如何变"情人关系"为"夫妻关系"成为新的营销难题。用户选择入口的前提是能带来红利。微信给用户带来了社交红利，用户在应用中拓宽人脉，结识新圈子，所以人们离不开微信。"诱之以利"才能吸引更多用户。

移动互联网时代是什么？是入口、平台、关系、生态。消费者是见异思迁的，以前的互联网门户有各种各样信息；后来出现了一个简单的搜索框；再后来又出现了智能化，打开新闻页面，弹出来的信息是不一样的，男人和女人关注的东西不一样，所接收的信息也不一样。互联网大佬都在讲生态，乐视以前叫乐视网，现在叫乐视生态。决定一个品牌生存的是你能不能建立一个生态圈。虽然乔布斯去世了，但他把生态圈留下来了。

网络的发展是飞速的，它正在改变着社会。企业要想保持年轻化就要紧随互联网的发展，把长期持有巨大的流量入口作为初衷。在未来，互联网结合人工智能的推进、数据传输速度的增加，会让入口更加便捷、更具有场景化。软硬结合的智能化入口将颠覆性地改变人们的生活。

BAT"互联网+"生态战略：
连接一切才能决胜未来

埃隆·马斯克做电动车的同时还造火箭，苹果在做手机的同时还布局无人驾驶汽车，董明珠不光想做好空调还想卖好手机……不少人眼中，如今的企业越来越不能好好专注做一件事情了。

互联网没出现之前，企业的发展"中规中矩"，做物流的只管做物流，生产产品的只管生产产品。互联网出现之后，这种专一的、边界分明的发展方式慢慢被一种多元化的、没有边界的发展方式所取代。提供出行服务，也做电影内容；生产手机，也生产电视。这种看似漫无边际的发展方式，我们称之为"互联网+"生态。

"互联网+"生态作为一种新的企业发展方式，旨在将移动互联网、大数据、云计算、物联网、人工智能与传统行业相融合，利用互联网平台，以跨界的方式打通各行业，集成优化各生产要素，构建连接一切的商业新生态。"互联网+"生态从功能递次的角度可分为平台、产业链和终端三大板块,它们环环相扣,逻辑演进。这种生态模式围绕硬件、软件两大部分,共同组成了涵盖生产、销售和消费的完整脉络。"互联网+"生态体系的建设,主要分为横向和纵向,横向专注于新领域的进入,纵向专注于已有领域的深耕。

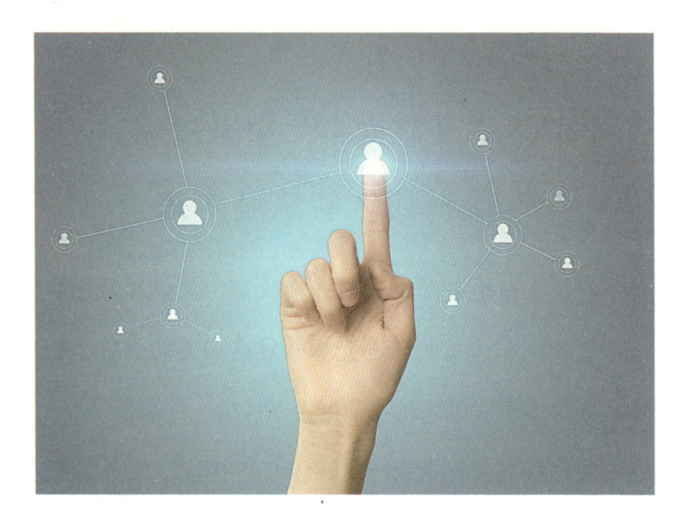

横向扩展:包罗万象

以国内互联网巨头BAT为例,2000年百度搜索创立,通过流量的输送和分发获取广告收益,随着业务的进一步开展,2005年百度地图发布,接着百度贴吧、百度百科、百度文库、百度视频等产品相继推出,再以后,百度拿下糯米,成立百度游戏,入股爱奇艺和Uber,上线百度外卖,又布局无人驾驶汽车,进军互联网金融,业务越来越多元化。

在百度多元化的同时,另外两家巨头,阿里和腾讯也没闲着。对于阿里来说,其 B2C、C2C 两大业务占到了总额的 80%,电商业务是阿里主要的钱袋子。随着信息往移动端转移,阿里开始有些吃力,为了不被腾讯等巨头弯道超车(互联网时代,跨界无处不在,稍不留意就有可能被竞争对手的哪项业务干掉了),阿里在移动端开始布局。由于电商本身不会自己诞生流量,需要引流,所以阿里开始了一系列并购,尤其是上市之后。因此我们看到阿里收购高德地图,入股银泰,社交领域投资微博、陌陌,娱乐领域收购 UC、虾米、优酷土豆,影视领域投资光线传媒、华谊兄弟,成立阿里影业。这些大动作的背后,一方面在为淘宝和天猫寻找流量,另一方面阿里也在走多元化发展道路,如今,阿里的业务已经延伸到物流、基金、保险、教育培训、文化传媒、零售卖场、金融服务等各个行业。

腾讯 QQ 的推出如果说是为了方便人们之间交流,倒不如说是为了方便用户更好地玩游戏。QQ 推出后,2003 年 QQ 游戏平台登场,之后腾讯又复制了一个"QQ"——微信,并将 QQ 的模式适当进行复制,如里面嵌入游戏等功能。在接下来的发展中,腾讯在围绕社交展开一系列布局的同时,也没有满足于自给自足,而是开始了其他方面的投资,推出滴滴打车,投资搜狗、大众点评、58 同城、饿了么、四维图新等一系列企业。

纵向深耕：细节决定成败

BAT巨头在各领域刷足了存在感后，接下来做的，就是在已经进入的领域进行深耕细作，形成一条包括上下游的完整的产业链。

以百度地图为例，如今的百度地图已经不是当初刚刚推出的百度地图了，不只为人们提供路线服务，还提供各种其他服务。打开百度地图，除了地图搜索外，还会看到美食、景点、酒店、休闲娱乐、购物、生活等子项目。随意点开一个，会看到所在地附近的相关服务。想找附近的餐厅，打开百度地图点击美食就可以；想找附近的加油站，打开百度地图点击加油站就能找到；想找酒店住宿，打开百度点击住宿附近的酒店就能全部显示。这些服务由于跟人们的生活息息相关，在为人们提供了便利的同时也让人们深深地依赖上了百度地图。这进一步为百度地图引入了更多的流量，借助百度

地图入口,百度将百度地图进行深耕打造成了一个生活百科。超高的流量,为百度地图O2O服务的开展提供了极大的便利。

微信同样也是如此。初期微信只是一个仅有即时通信、分享照片等简单功能的App,后来随着用户增多,微信不仅又有了朋友圈功能,开通了公众订阅号服务,还推出了其他服务:手机充值、理财、酒店预订、火车票飞机票预订、电商购物等应有尽有。随着微信小程序的推出,原本一个简单的微信,变成了一个超级App,里面提供各种服务,极大地方便了人们的交流和生活。

看到文娱产业方面的巨大发展潜力,阿里成立了阿里影业,并不断完善着阿里影业产业链:投资影视剧拍摄,投资大地电影院,收购粤科软件、淘宝电影和娱乐宝,参与博纳影业私有化等,意在打造娱乐全产业链平台。

此外,一直宣传互联网生态的乐视也一直以多元化发展为己任。乐视的业务发展以云计算为基础,主要涉及视频产业和智能终端。包括四大部分的垂直综合生态是其一大特色——平台:云视频和电商;内容:乐视影业、乐视网;终端:硬件及软件服务;应用:LeTV Store。乐视把院线、电视、电脑、平板、手机等硬件设施,和自身提供的影视内容及相关服务连接起来打包推送给用户,这颠覆了以往单一的产品售卖,将电视机产品延展为大屏的互联网生活(甚至比苹果还多出影视版权一块)。此外乐视高调推出的"超级手机",在未来还可能成为乐视体系内超级汽车的遥控器。

可见,对不同行业跨界融合正是"互联网+"生态的核心特点。

一切连接的时代,多元化生态战略是企业能否获得发展的关键

"互联网+"的生态特征在于无边界的人与物、物与物的连接。通过线下场景和线上互动的匹配,形成黏性消费,最终完成从单一产品功能到综合生态服务的转变提升。无处不在的传感器和数据读取设备是大数据的来源,互联网及其延伸的物联网和社交平台撑起强大的互动空间,云计算的运用汇聚为巨大的计算、存储能力,对"大数据"的分析应用成为人工智能的重要基础。

物联网是互联网发展的下一个趋势(目前已经有人开发人脑与互联网连接的技术了)。未来万物互联,必然要求有一个平台能将万物进行整合,方便随时为人们提供服务。这就要求,也决定了互联网时代的企业不能独守着一块地,而是要多管齐下、多点开花。试

想一下，如果百度当初只关注搜索业务和地图业务，能搭上移动互联网时代的列车吗？阿里如果不积极在移动端布局，淘宝天猫还能保持巨大的流量吗？腾讯凭借QQ和微信站在了PC时代和移动时代的风口，如果不跨界进行其他业务的整合，微信在移动时代还能如此受欢迎吗？腾讯在朋友圈能卖得动广告吗？

互联网时代，互联网企业在用技术连接一切的同时，也在用技术颠覆着一切，"互联网＋"生态正在催生着一种新的商业形式。这种商业形式汇聚研发、生产、销售、运营等众多产业链于一体，信息不对称和中间环节统统被打破，劳动生产率和资源利用率大大提高。企业、用户和产品以系统连接的方式，形成循环延续的完整生态，传统的规模化生产变为满足个性需求的定制服务。

"连接、开放、协作、共享"的互联网精神使"互联网＋"在生态发展上具有先天优势。它剔除了以往不必要的信息隔阂，以行业间的跨界整合为契机，充分调动用户的碎片化时间和多样需求，从而扩大市场，降低成本，提高效率。正如张瑞敏所说："区别于过去封闭的经济模式，平台经济的核心是开放，平台的逻辑是一个自我演化的生态系统。所谓平台的框架，就是可以快速配置资源的生态圈。企业由原来做大做强变为做平台，谁的平台做得最大，谁就是最强。"我们有理由相信，随着理念和技术的日渐成熟，基于"互联网＋"生态的全新经济模式将在今后的社会发展中爆发出惊人的力量。

掌握了这六大铁律，就掌握了互联网下半场的入场券

移动互联网正在改变着我们的生活形态。与之前的泡沫不同，现在的互联网已经实实在在应用到生活中了。很多传统企业错过了互联网的上半场，没有把握住入口经济。在互联网的下半场，谁掌握了粉丝即用户、内容即品牌、媒介即渠道、分享经济、社交众筹和游戏化思维这六大定律，谁就掌握了未来。

粉丝即用户

传统互联网时代，人们最看中的就是流量。门户网站通常是以幽默八卦的内容吸引人们点击，获取流量。而在下半场，只卖流量是远远不够的。新的互联网时代，从流量经济过渡为粉丝经济，"粉丝即用户"，谁拥有了用户，谁就拥有了发言权，谁就拥有了市场

流量。

对于互联网营销来说,首先就要抓住粉丝。一看粉丝数量,二看粉丝质量。阿里巴巴一直想做社交,但阿里的社交之路似乎不太顺畅,至今还停留在卖流量的阶段。早前在支付宝推出的"校园日记"和"白领日记"因为尺度太大还引起了一场轩然大波。

移动互联网时代,碎片化的时间、场景化的消费颠覆了既有模式。提高产品溢价、品牌情感、人格传播,以及围绕如何打造个人IP、小众定制、精准聚能、引领时尚消费等命题形成的"网红经济",作为品牌营销的强劲风口正在袭来。网红经济是魅力人格体,品牌变成了和消费者沟通的工具。为什么凤姐会红而景甜红不了?很多人都比凤姐有优势,但是为什么她偏偏能红呢?景甜是人见人爱的美女,万达、乐视、国师张艺谋,大家都在捧她,但是景甜一直不火。知道凤姐的人比知道景甜的人要多。因为景甜是采用传统的方式,走一个完美的高大上路线。她没有绯闻,不经常和网友沟通,每次出现都是美丽而略显冷漠的面容。而年轻人需要的是互动。很多人在凤姐面前是有优越感的,而凤姐也知道年轻人想要的是什么,网友看到接地气的凤姐也自然觉得凤姐更有温度。

媒介即渠道

传统的营销分两步走。首先,要让消费者知道你。20 世纪 30 年代，可口可乐就已经闻名上海滩。在没有进入中国市场之前，可口可乐就开始造势，让消费者知道。可口可乐在上海外滩、百乐门舞厅的门口投放户外广告。而等到有了一定的知名度以后，消费者想买还买不到，这就更加勾起了消费者的购买欲望。

1987年，大陆第一家肯德基在北京开业，当天肯德基门口挂着"美国肯德基家乡鸡"的牌子。人们慕名而来，排队排了一公里，食客们等一个多小时才能买到一包炸鸡块，但人们都乐在其中。那一年，最时髦的婚礼都是在肯德基举行的。肯德基和麦当劳都是让消费者看得见、买得着、买得起的产品，这也是它们成功的关键。互联网的下半场，媒介即渠道，消费者在知道你以后一键就能找到你。马云最大的贡献就是让快递小哥遍布中国的大街小巷，解决了物流的问题。中国的物流发生了翻天覆地的变化,以前从杭州到北京发一个快递需要 8 天时间,而现在可以隔日送达。

传统媒体时代,人们在电视台做广告,做完广告后再去铺货。而现在,只要建立了品牌影响力,消费者自然就来了。以前中国最大的媒体是中央电视台,广告时段供不应求,央视黄金时段广告招标竞卖,每年招标收入超过百亿,占央视全年收入 50% 以上。但是现在 BAT 的广告收入也毫不逊色。随着新的传播媒体的变化,媒体发生了分阶层的变化,互联网分为三大阵营。BAT 成为第一阵营;第二阵营就是新媒介渠道,比如分众传媒和今日头条;第三大阵营才是电视媒体,例如央视、湖南卫视、江苏卫视等。

还有一个现象就是广播和网络电台异军突起。广播也是媒介型渠

道中繁荣发展的一种。中国进入了一个汽车社会,每卖一台汽车就意味着多了一台收音机。而且中国的交通状况又是全世界范围内比较糟糕的。人们多数堵在路上,所以在路上的闲暇时间都会听广播。

内容即品牌

微信公众号有一句口号:再小的个体也有自己的品牌。但如果没有内容,不光小个体很难成为品牌,大个体也很难成为品牌。互联网时代,内容很重要。

一些自媒体平台之所以很快发展起来,主要是因为有很好的内容,有了内容才会吸引人关注,吸引关注就会产生影响力,进而成为品牌。柳桃、潘苹果之所以没有像褚橙那样成功,主要也是因为缺少品牌故事内容。潘苹果是潘石屹为家乡的花牛苹果代言,品牌故事不像褚橙那样精彩,品牌发展因此也稍微欠点火候,而且花牛苹果皮厚,口感不是脆脆的那种,不一定每个人都吃得习惯。

互联网时代的品牌打造,一定要追求精致,有面子,也要有里子。

一切皆是分享,一切皆是社交

传统时代,人们"不在乎天长地久,只在乎曾经拥有"。而分享经济是说"不在乎曾经拥有,只在乎曾经用过",要为我所用。在互联网的下半场,分享经济仍然大行其道,而且涉及的领域将会越来越多。目前在住宿、出行、饮食、办公等领域分享经济已经发

展了起来，未来还将蔓延到其他领域。未来，物质只会越来越丰饶，只有分享才会产生新的商业价值，要想在分享领域赢得下半场，眼下需要做的，就是找到一个行业，建立一套自己的基于分享的商业逻辑。

中国经济过去是人、财、物的流动创造财富，现在信息、智慧、社交的流动也可以创造财富。BAT其实就是解决了信息、智慧和社交的问题。百度解决了信息垄断，有问题随时可以找百度；阿里解决了距离问题，让天下没有难做的生意；腾讯解决了社交，让人际交往大大扁平化。移动互联网时代，社交链接一切商业，朋友圈成为新金矿。互联网的下半场，一切皆是分享，一切皆是社交。

游戏化思维

鲁迅先生曾说过："游戏是儿童最正当的行为，玩具是儿童的天使"。其实，游戏不仅仅是儿童的天性，而且是整个人类的天性，儿童也好，成人也罢，人人爱玩，深中其毒。尤其是现在步入社会的成年人，几乎没有人不想轻轻松松地玩着就把钱给赚了。而游戏化思维的横空出世彻底颠覆了我们的认知，不断迭代、推陈出新的产品正在改变我们的生活、改变世界。既然游戏有如此魔力，那么我们不妨因势利导，运用开发游戏的思维来经营企业、管理企业，让自己"玩着就把钱给挣了"，让员工"玩着把活给干了"。

互联网的下半场注定充满了风险和竞争，所以互联网大佬一定要有敬畏之心。互联网时代，每三年就会有一个新的机会，没有人会成为永远的老大，而消费者才是真正的上帝。

第二章
粉丝即用户

"我"时代创富逻辑颠覆:粉丝经济、网红经济

三体合一:消费者介入生产,个性化组装时代来临

互联网企业的负翁经济学

"我"时代创富逻辑颠覆：
粉丝经济、网红经济

以前评价一个公司我们看它稳不稳定，现在评价一个公司我们看它能不能创新。传统组织是以雇佣关系为纽带的组织，员工在合约的约束下为了组织工作，以效率和经济为出发点，规范组织结构、明确分工。工作是为了组织，评定工作好坏的也是组织。传统组织下，员工行为更加规范，纪律性强，这是优点也是缺陷。随着经济的发展变化，尤其是在互联网经济和思维的助推之下，员工的循规蹈矩反而会使公司失去活力，最终被变化多端的市场淘汰。

互联网技术的发展使得个人获得信息的成本降低，在互联网时代信息就是第一生产力，信息和咨询的掌握为个人提供了更多的机会和更大的可能性。另外，在互联网场域中人们获得了更加自由的话语权，有更大的空间释放自身的价值，崇尚个性的张扬，不再寄希望于通过组织来实现自身价值。工作更多的是为了家庭，90后群体工作则更多的是为了实现自我价值。有个网名叫"猫力"的女孩，大学毕业之后没有选择去工作，而是跟男朋友一起环游世界。这在以前人们的观念中是根本行不通的，还会被扣上"不务正业"的帽子。但在90后群体的眼中，她是被羡慕和钦佩的，在微博拥有三百多万粉丝，被叫作"旅行家"。

个体价值崛起

互联网使个人的价值被激发出来，个体的崛起是互联网时代最显著的变化，涌现出的一批批肤白貌美粉丝多的"网红""博主"。苹果公司的市值抵得上一个中等国家的经济体量。互联网时代，一个网红的年收入就抵得上一家企业一年的收入。被粉丝叫作"大姨妈"的网红女孩张大奕，微博粉丝五百多万，淘宝店铺开张一年就达到五颗皇冠，年收入上亿，比肩范冰冰等一线明星。

"博主"是近几年来新兴的职业。意大利博主嘉拉·法拉格尼（Chiara Ferragni）是成名较早的时尚博主。时尚博主是比明星更会穿衣、让服装更亲民的一群人。嘉拉·法拉格尼将自己每天的穿搭拍下来，发在自己的博客里，凭借优秀的时尚品位获得无数粉丝的追捧。据统计，博客让她一年赚到150万美元，很多服饰品牌商找她合作。在知名度上升之后她推出了自己的鞋子品牌，火爆全球。

一个人创造了巨大的商业价值。

个体价值崛起甚至对未来公司的组织结构变化产生了深远的影响,员工越来越自由,甚至会出现以自由职业者为主体的公司。有工作需求时,几个自由职业者汇聚在一起,组成一个公司,共同完成一项工作,工作结束随即解散。出现新的任务时,随着专业的需要再重新组合起来。术业专攻,个人价值充分发挥,少了繁杂的组织层级,也少了人情的影响,效率高工序少。

粉丝即用户

移动互联网时代粉丝因为共同爱好而聚集。企业抓住粉丝就抓住了流量，学会求参与搏关注是企业在互联网时期的必备技能。官微也要有血有肉，苏宁官方微博和中国气象局官方微博就在一系列巧妙地追热点当中被网友关注和调侃。苏宁官微在明星热点微博下面评论"冰箱洗衣机需要吗？"中国气象局官微跟网友巧妙互动，还关注了"雨神"萧敬腾的微博，这件事上了热搜。这种方法巧妙地提高了企业关注度，拉近了企业与粉丝之间的关系。

百年品牌可口可乐也注重与粉丝之间的互动。2017年3月，可口可乐宣布全球首席营销官即将退休，之后将不再设立全球首席营销官一职，而是设立首席增长官，直接领导营销团队，负责整个公司的产品和用户增长，这一决定表现出可口可乐注重粉丝营销的信心。互联网公司中的"首席增长官"开始出现在越来越多的传统行业当中。

三只松鼠是电子商务领域坚果类产品的标杆。注重细节、注重对粉丝的"关怀"。自带开箱器、果壳袋和湿纸巾。从拆快递、扔果壳到清洁，贴心到品尝食物的各个阶段。淘宝客服对用户的称呼不是"亲"，而是符合品牌形象的"主人"。包装卡通化、形象化。宝贝图片生动有趣，首页更新快，每个产品下还有丰富的故事化介绍，用丰富的团队文化吸引消费者。三只松鼠的价格在同行业中偏高，但还是获得很多消费者的喜爱。甚至很多消费者号称是三只松鼠的"铁粉"，购买、持续关注、顺带告诉自己的小伙伴。

粉丝化营销不但在企业、在产品领域吃香,在影视界也一样有效。火爆的韩剧《请回答1988》,就在粉丝的强烈呼吁之下让男二号逆袭成为男一号,和女主幸福地生活在一起。粉丝意愿大过天,不捧着粉丝,粉丝就不会捧你,又何来热门好剧之说呢。

粉丝是互联网经济下企业生长的力量,能够聚集多少粉丝就有多大的影响力。学会从用户的角度去思考,如何"吸粉""讨好"粉丝、拉近与粉丝之间的关系是企业的必修课。

网红经济

把聚集的粉丝流量进行变现的盈利方式就是网红经济。网红经济的核心在于分享自己,把自身的特点在各种窗口下放大,晒美照、秀包包,时不时来点鸡汤。前有靠美貌火起来的赵大喜,后有靠真实火起来的邢晓瑶,还有靠搞怪火起来的艾克里里。聚焦大量的眼球之后变身淘宝店主，宣传转发上热搜，再来个限时抢购。更重要的是跟粉丝互动起来，点赞、转发粉丝试新的微博，买家秀现成的质量还高，成交量分分钟爆表不是梦。Money 是网红的，郭天王是网红的、罗小猪也是网红的，未来什么不是网红的？

网红包括颜值网红、知识网红、企业家网红、政治家网红等多种不同类型。网红经济虽然起源于颜值经济，知名网红大都是靠肤白貌美起家，但是网红经济最终还是超越了颜值，凡是拥有优质内容生产能力的人都可以做网红，都可以实现流量变现，比如 Papi 酱、六神磊磊、王思聪、特朗普，等等。直播、小视频、内容付费等新商业业态也成为孵化网红的利器，被资本市场青睐。

网红经济的特点是消费群体年轻化、个性化、小众化和社群化。如果你觉得做好网红只要有一张脸就可以，那你就太小瞧网红了！他们具有抓住网民痛点的能力，与粉丝进行亲密互动，维持粉丝黏性。把社群经营得最好的人，往往在社交和社群运营方面都有独特的见解。

三体合一：消费者介入生产，个性化组装时代来临

生产者、销售者和消费者是商业活动中常见的三个角色。传统经济时代，三者是分开的，各司其职。但在互联网时代，三者的关系发生了很大的变化，从生产者到销售者再到消费者的线性模式被打破，特别是社群经济相对繁荣的当下，个体价值凸显，三者相互重叠、相互参与，较为典型的便是消费者既可以参与到产品的生产过程中，又可以在产品销售过程中充当重要角色，从而形成了制造者、消费者和销售者的综合体。

在产品领域，大规模标准化生产的产品已经不能满足互联网背景下消费者的需要了。与标准化生产时期不同的是，现在的人们认识到自己的不同，也更加清醒地知道自己想要的是什么，也愿意花钱花时间去满足自己不同的需要。他们需要更加个性、更具差异化

的产品,个性化在不断地取代标准化的地位。

以小米手机为例,"为发烧而生"的产品定位,在很大程度上体现为对用户需求的精准度量。小米将消费者引入产品的设计环节,通过论坛投票等形式收集体验信息和相关反馈,最终落地汇总为产品的新功能形态。消费主体的意见被充分采纳,"顾客即上帝"的诺言得以实现——消费者开始向生产者渗透。移动互联网的本质是社交。在社交元素的聚合下,群体归属形成"粉丝效应",生产者、销售者、消费者三体合一:去中心化、自组织、无边界、小众品牌、个性定制……纷至沓来。

从标准化生产到个性化组装

这是一个连做饭都可以将食材进行组装的时代。有的超市在几年前就开始售卖"半成品"的食材,比如人们只需要将比萨面团、马苏里拉奶酪以及一些酱料买回去,再将这些酱料放在擀好的比萨面饼上进行烘烤，就可以制作出一份新鲜的比萨。虽然这个过程在我们看来像是亲手做了一份比萨，但其实只是一个将所有食材进行组装的过程。

在很长一段时间内，大规模的标准化生产是每一个企业所追求的目标。实现标准化的生产不仅能提高企业的生产效率，而且能够在很大程度上降低生产成本。但进入互联网时代以来，越来越多的人不再满足于标准化的产品，而是希望有差异化的产品来满足自己与众不同的个性化需求。个性化时代正在逐渐取代标准化生产的时代。

正是由于消费者的个性化需求，催生了"DIY"这一产品生产方式。DIY是"do it yourself"的简写，译为"自己动手做"。不过最近两年又增加了一种新的解释，译为"自己设计"，"design it yourself"，通常是自己购买配件进行组装。"DIY"体现最多的地方就是在购买电脑时对电脑的配置进行个性化设计，有很多的游戏发烧友不满足于标配电脑的性能，他们有着自己不一样的需求，因此常常根据自己的需求选用配件组装成一台属于自己的专用电脑。

个性化生产成本高昂

在20世纪80年代，就有港资企业进行西服的个性化定制，但这么多年来个性化生产始终没有取代标准化生产，究其原因就是个性化生产的成本非常高昂。标准化生产通常采用流水线的作业方式，生产效率非常高；而个性化的产品却很难通过流水线的方式来进行生产，因为流水线想要生产出个性化产品，需要不断地进行调整，而这种调整无疑增加了生产的工艺与时间成本，导致效率低下。

个性化生产成本高昂的第二个原因就是消费者群体小。每一款产品的受众面都非常小，因为很少有人具有完全相同的需求，即使是相同颜色、相同款式，也会有大小不同的区别。所以每件产品都需要专门制作完成，直接导致人力成本高昂。这就是为什么个性化生产难以扩大规模的原因。

定制化模块组装生产

一方面是个性化生产难以扩大规模，一方面是消费者的个性化需求得不到满足。在这样的情况下,个性化和成本之间妥协的模块化定制就应运而生了。将一个完成的产品分解成为几个不同的模块,用户可以根据商家提供的解决方案将不同的模块进行组装,从而达到实现个性化需求的目的。

尚品宅配的定制化其实就是一种模块的组装生产方式。简单来说就是根据不同的房屋户型,尚品宅配设计师提供不同的设计方案供消费者选择和修改,以达到满足消费者的个性化的需求。在生产过程中,将用户选定的家具分成不同的模块和大量的零件与其他用户的订单一起进行批量生产,最后再进行组装成型。

3D打印将普及个性化消费

3D打印起源于美国的快速成型技术,是一种通过逐层打印的方式来构造物体的技术。它将物体的制造过程从复杂变得简单化,就像打印一样,在很短的时间就可以将自己的设计变成现实。3D打印技术不仅能够构建出一般的物体,甚至连人体脊柱都可以制造出来。2014年8月,北京大学研究团队就成功地为一名12岁男孩植入了3D打印脊柱。

有了3D打印,消费者便可以将自己所设计的物体完全变为现实,只要将物体的3D模型在电脑里构建出来,剩下的生产制造部分就可以完全交给3D打印机完成,并且最终打印出来的产品比人工制作的产品更为精细。

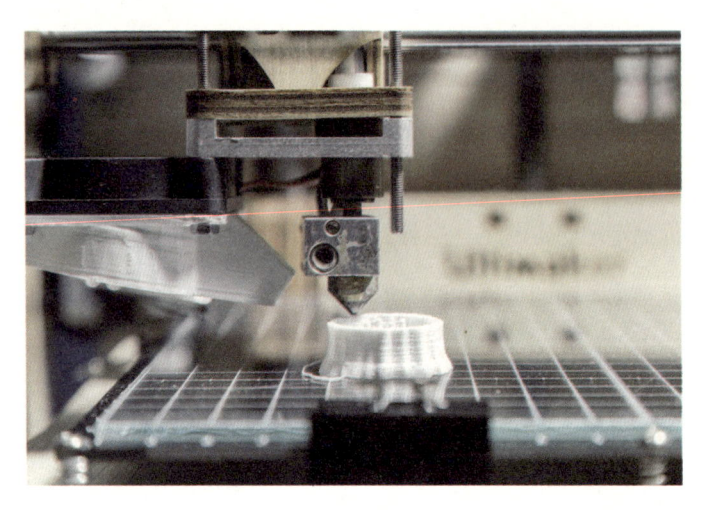

在小批量的个性化定制产品的生产中，3D打印的价格相对来说更加便宜也更加快捷。传统的个性化生产需要将物体的模块进行拆分、制造各种零件，然后进行组装，完成生产。而3D打印机只要有图纸，就可以直接生产。同时在生产不同产品时，传统个性化定制需要再次改变生产过程，而3D打印只需要改变生产图纸就可以了。

随着物质生活的极大丰富，人们不再满足于标准化的产品，而是希望得到为自己量身设计的产品，来满足自己的个性化需求。传统的定制化成本高昂，在这样的情况下可以预见，相对便宜且不断发展的3D打印技术势必将引领新一轮的个性化消费浪潮。

互联网企业的负翁经济学

粉丝经济不但改变了企业的生产模式，就连企业的商业模式也因此发生了改变：赚钱和不赚钱的可以平起平坐。

传统经济是富翁经济，主要看企业赚了多少钱；互联网经济却是负翁经济，即使尚未盈利和持续亏损，也能够上市并获得高额估值和巨额投资。

京东2014年5月在纳斯达克上市时，投资者给出160亿美元的估值，共募集17.8亿美元。然而彼时京东尚未实现盈利，2014年京东亏损49.9亿元，2015年亏损94亿元，成为IT、互联网行业亏损最多的企业。2016年才首次宣布盈利10亿元。

持续亏损但却获得投资者青睐的互联企业并非只京东一家，类似的互联网企业屡见不鲜。途牛网、优酷网也都名列在美上市、却持续亏损的中国互联网企业名单之上。

无独有偶，除了让人费解的亏损上市，互联网企业还有一个迥异于传统企业的特征——没有盈利的情况下却卖出令人咋舌的高价。Instagram 是一款图片抓拍和分享应用软件，它由斯坦福大学的凯文·斯特罗姆和 14 名二十多岁的年轻人花了 22 个月编写代码而成，在没有任何营收模式和任何盈利的情况下，被脸书以 10 亿美元买下，截至 2015 年 3 月 Instagram 估值已过 370 亿美元。

同样尚未赚钱就报得高价的还有简·库姆创立的通信服务软件 WhatsApp，该应用在 2014 年初被脸书以 40 亿美元现金、价值 120 亿美元的股票外加 30 亿美元的限售股，共计 190 亿美元的价格收购。

享有"估值特权"的互联网经济

亏损上市、尚未盈利却市值很高，此类在传统经济看来不可思议的景象，在互联网经济中却是见怪不怪。因为互联网时代的估值方式发生了变化，互联网企业关键不是赚了多少钱，而是集聚了多少用户。

传统经济的估值是基于企业的现金流，以及企业的收益率，在综合考虑时间和风险因素的基础上评估企业的价值。

互联网经济与传统经济属性不同。互联网经济是一种纯粹的信息经济，它摆脱了土地、设备、厂房等物理条件的束缚，无须大规模的固定资产投入即可大力发展虚拟经济；互联网企业追求的是用户数量的积累，且用户数量容易在短时间内实现爆发式的增长。也正因如此，互联网企业改变了传统企业估值方式。

互联网经济享有"估值特权"：互联网经济呈几何级数的爆发式增长，可使企业价值在短时间内迅速攀升；如果采用传统企业的估值方法，会致使具有高投资价值潜质的企业被埋没。

互联网经济的投资机制

互联网经济是信息产业、传媒产业和资本三者融合的产物。第二次世界大战后，风险投资最早在信息技术产业和互联网产业的发源地美国硅谷诞生。20世纪60年代美国资本市场掀起一股"电子热"，许多和电子相关的公司一经上市便受到热捧，估值达百倍以上。资本和信息技术产业的交融让投资者和企业双双获利，风险投资迅速兴起，并聚焦在信息技术领域；美国的信息技术产业也因此迅速发展，执世界之牛耳。

借助资本的力量，通信产业和传媒产业等新兴轻资产产业成为投资风口，由资本操纵的企业兼并和收购在这个时期此起彼伏，促进了产业的融合，催生了计算机技术和产业的繁荣。最终在20世纪60年代末，孕育出了互联网。

互联网是资本和信息产业、传媒产业、计算机技术相互融合的产物，和传统经济相比，互联网经济更具有资本的属性，而互联网的发展和盈利方式也遵从资本和金融的逻辑。

互联网诞生后，一个最大的矛盾摆在互联网企业面前，这便是网络普及最大化和收费之间的矛盾：如果对网民收费则不利于网络的最大普及，互联网具有媒体的属性，一个网页看到的人越多，它的价值才会越大；但免费互联网企业没有收入，企业将无以为继。没有盈利，资本市场更谈不上对互联网企业估值。

而解决这个问题的是摩根士丹利。1995年，为用户提供网络浏览器的网景（Netscape）成功上市，成为在美国资本市场上市的第一家互联网公司。摩根士丹利用用户数量和网页的点击率对新兴的互联网公司进行估值，而不是盈利。

这就是互联网公司的估值特权：互联网企业亏损状态上市的估值机制就此诞生并得以沿用，风险投资和互联网企业组合在一起形

成了一个完全不同于传统经济的商业机制。

互联网经济靠创造市值盈利

在这套商业机制中,财富的创造不是依赖实体运营中的利润,而是在天使投资、风险投资以及后续的轮番投资中引起资本市场的关注,让资本市场为之疯狂,并最终推动企业上市。一经上市持股人手中的股票价值便会暴增,投资人即可沽售股票。以阿里为例,阿里巴巴在美上市融资 218 亿美元,其中有 136 亿美元被原有股东套现。

值得注意的是,互联网经济比传统经济更加推崇明星名牌企业,明星名牌企业背后的资本力量更容易通过购并、入股等方式将其打造成一个庞大的企业航母,以支撑市值,从而增强资本市场的信心。所以脸书、京东这样虽然没有利润却声名远扬的互联网巨头能够稳步增值,获得投资。

互联网经济是像啤酒一样与泡沫共存的负翁经济。了解互联经济和传统经济的不同属性,便可把握互联网经济的创富逻辑,读懂为什么互联网企业亏损还能上市;也能读懂为什么即使京东持续亏损,都不妨碍刘强东以 455.6 亿元人民币身家占据福布斯 2017 中国富豪榜第 16 位。

第三章
内容即品牌

自媒体和自商业是未来的商业主流，内容创业风口刚起

特朗普的胜利是自媒体对传统媒体的胜利

知识经济时代来临

自媒体和自商业是未来的商业主流，内容创业风口刚起

蝴蝶找男朋友，找来找去嫁给了蜘蛛。妈妈很不解，你是万人迷，再不济嫁给麻雀，为什么嫁给蜘蛛？蝴蝶说，人家有自己的网站，还是站长。移动互联网时代，每个人都是网站站长，都是自媒体主编。以前我们的社会是金字塔型的社会，沟通层级多，信息损耗大。网友有言：上级压下级，一级压一级，级级加码，马到成功；下层蒙上层，一层蒙一层，层层掺水，水到渠成。互联网时代，我们变成体育场式的社会。人与人之间是扁平化的，每个人都可以发表自己的意见，及时互动。内容产业的风口刚刚刮起，未来，内容创业会层出不穷。

中国经济呈倒 L 型发展

中国经济已经进入新常态，有权威人士在《人民日报》发文判

断中国经济进入L型时期,断言未来很长一段时间中国经济将在底部徘徊。"春江水暖鸭先知",而中国经济增速放缓,进入新常态最直观的反映是,企业家赚钱越来越难了,尤其是中国的制造业。

1999—2007年是中国经济连续稳步增长的8年,经济增长率一路走高到14.2%。随后,从2007年开始,经济增速开始呈现减缓趋势,到2015年经济增长率为7%,2016年为6.7%,经济增速越来越慢。

无论是从宏观的经济增长还是区域经济增长来看,中国的经济都遇到了大问题——经济增长的引擎转不动了。在过去很长一段时间内,中国经济增长被三驾马车驱动,即投资、出口、消费。这三驾马车创造了中国经济增长奇迹,尤其是投资驱动的房地产行业对经济的增长做出了很大贡献。

现在,中国经济进入了新常态,在新常态下中国经济发展的三驾马车越发乏力，无力驱动中国经济继续保持过去 20 年那种高速增长。

传统的中国企业得益于中国由计划经济转向改革开放、发展市场经济带来的机会；做什么都可以赚钱，因为当时的中国是短缺经济社会。

借助中国庞大的人口红利带来的廉价劳动力和巨大的消费市场，中国企业搭上了改革开放的高速列车。但随着人口红利的消退，以 2007 年以来的经济增速开始呈现缓慢增长为信号，中国经济增长的后劲有些不足。

过去 30 多年的发展，中国企业参与世界竞争凭借的是人多、地盘大；中国经济的发展凭借的是"块头比别人大"，而不是"身体素质比别人好"。我曾总结过一个观点，衡量一个国家竞争力的强弱，是看它有多少世界性的品牌；衡量一个地区竞争力的强弱，是看它有多少全国性的品牌。在过去的发展中，中国企业并未建立起品牌竞争力，在世界百强品牌中，中国品牌寥寥无几。

2015 年以来，新一届中国政府给中国经济开出了药方——供给侧改革，改变过去经济发展的方式，通过引导中国企业练内功，建立中国品牌的世界影响力和竞争力。

建立品牌竞争力

宏观层面经济下滑，而在微观层面，中国企业正迎来品牌年轻化的挑战，伴随互联网成长起来的中国年轻人，在消费习惯上已经互联网化，即追求小众品牌、高审美要求、即时场景消费等。

品牌老化是指企业的老一代消费者退出后，对年轻消费者的品牌喜好未能及时跟进。这样的品牌市场会日趋萎缩，以往品牌竞争标榜的是谁是行业的老大，谁的产品更正宗，谁的历史更久远……如今，传统的品牌诉求面临一个共同的难题，就是如何打动年轻一代的心。

中国的消费结构正在发生巨大的变化，年轻一代成为消费的新生力量。随之而来的媒体传播环境的变化，使已经"功成名就"的众多品牌面临巨大挑战：苹果火了，三星衰落了，摩托罗拉破产了，诺基亚被微软收购了……

品牌年轻化的浪潮汹涌而来，面对新的游戏规则，众多江湖名企开始放下身段，讨好年轻消费者，"卖萌营销"成为品牌年轻化的新招。品牌需要与时俱进、个性化、互联网化。

21 世纪的生存法则就是建立个人品牌

美国著名的社会管理学者汤姆斯·彼得说过一句话，21 世纪的生存法则就是建立个人品牌，个人的品牌是最强大的推动力。特朗普主持过一档为他量身定做的电视节目《学徒》，里面设置了各种任务，最后闯关成功的会被留下来在特朗普大厦工作，给予很高的年薪。在这档节目中，特朗普说得最多的话就是"You're fired"（你被解雇了），后来这句话成为网络热词，成了特朗普的 IP。

自媒体时代，随着智能手机功能越来越强大，录制一个脱口秀、拍摄一段视频不用很高的成本，一部手机就可以搞定，每个人都可以自由上传内容，每个人都有可能成为一个自商业组织，每个人都可以做网红，打造属于自己的个人 IP。未来所有的财富都在我们手

中的手机上，它让每个人生产的内容变得更容易分享和传播。

品牌的打造成本也在降低，以前是通过广告的形式对着消费者狂轰滥炸，现在是消费者主动向知名自媒体和网红聚拢。品牌的概念也不只限定在简单的物的范畴：一个公众号就是一个品牌；一个故事就是一个品牌；一个人也可以成为品牌。咪蒙、罗辑思维、六神磊磊等优质公众号通过内容分发，聚拢了一帮铁杆粉丝，形成自己的粉丝社群，从而带来商业变现。在互联网时代，只要你有好的内容，你就能自创品牌。

新时代，新营销

每个时代都有不同的营销方式，年轻一代越来越不把"正经"当回事，他们喜欢自黑、卖萌、耍贱、表情包……品牌学会个性化表达，就能够得到年轻群体的青睐。在物质充裕、精神至上的年代，品牌就要为自己注入人格化魅力，消费者喜欢为快乐买单。

故宫淘宝就是最典型的例子，它以萌萌哒的设计，使皇帝、格格、侍女、侍卫等焕发新的生机，一下子与年轻消费者拉近距离，奉旨旅行行李牌、朝珠耳机、朕就是这样的汉子折扇，让消费者一下子喜欢上故宫里的这些IP，故宫淘宝品牌变得年轻化。现在是一个从高大上到萌宠宅的时代，讲究全民卖萌，企业营销如果不懂卖萌那就会被市场淘汰。

很多品牌都在寻找自己的 IP 基因，比如吉祥物、创始人故事、情怀等。故宫淘宝的 IP 是宫廷文化。很多城市都在打造自己的名片，不妨考虑一下 IP 打造，有 IP 就蹭 IP，没 IP 就打造一个 IP。在 IP 打造上，日本熊本县的吉祥物熊本熊就值得借鉴。熊本县为了取得更好的发展，找人设计了一个熊模样的吉祥物，加上两抹腮红，并以熊本县的名字命名为"熊本熊"。熊本熊的造型和举止戳中了年轻人喜欢呆萌、耍贱、可爱的痛点，成为网友的挚爱，熊本县也为全世界知晓。

这股自媒体和自商业的浪潮不仅存在于商业领域，就连政治领域也被其深刻影响，甚至影响了美国，乃至全世界的政治格局。

特朗普的胜利是自媒体
对传统媒体的胜利

特朗普当选美国总统成为 2016 年最大的黑天鹅，全世界为之哗然。很多人说特朗普胜利的背后是草根对精英的胜利，其实更准确地说，应该是自媒体对传统媒体的胜利。

美国大选见证着媒体历史的发展。罗斯福任内多次通过无线电波向全美观众发表演讲，被称为"广播总统"。肯尼迪与尼克松首次将总统辩论搬到电视上，胜出的肯尼迪被称为"电视总统"。善于利用谷歌、脸书等互联网平台并组织了豪华科技竞选团队的奥巴马，则是"互联网总统"。特朗普所处的时代，正好是社交媒体、网络视频直播、移动媒体、自媒体等诸多新媒体交融的时代。特朗普团队利用了一切可以利用的自媒体资源，推特、脸书、谷歌、YouTube……最终"超级网红"特朗普胜出了，成为"自媒体总统"。

第三章　内容即品牌

自媒体打脸传统媒体和民调

随着社会不断发展，媒体也在不断地转型，自媒体已经接力传统媒体，成为影响社会和人群最重要的媒体形式。美国选举告别了"传统主流媒体"决定结果的时代，开启了"自媒体"决定选举结果的新时代，YouTube、脸书、推特等社交媒体和独立网站开始主导世界。以往，凡主流媒体确认的事情几乎就是答案，而这一次，主流传统媒体对美国大选的作用开始式微，希拉里耗费巨资依靠的以CNN、ABC、CBS、NBC、MSNBC、《纽约时报》、《华盛顿邮报》、《今日美国》等电视、报纸为代表的传统主流媒体输了，特朗普利用脸书、推特、YouTube为武器改变了美国大选的结果，并成功实践了推特治国。

在很多人不看好特朗普的情况下，特朗普为什么会赢得胜利呢？其实关键的原因就是特朗普是一位出色的舆论高手。他用言论把网红表现得淋漓尽致，借势而为跨越了传统媒体，击败希拉里。首先，特朗普非常善于制造冲突性新闻，他在推特上的每一句话都能成为新闻热点：建美墨边境长城、退出TPP、打贸易战、挑动海峡两岸敏感议题……特朗普的言行一方面得罪了不少美国选民，但另一方面，他坚持美国优先的准则，以及使美国重新强大，俘虏了不少不满现状、恳求转变的选民的心。

其次，作为媒体人的特朗普深知媒体之重，媒体的攻击在他眼里却是最大的资本；同时，他深知如何使用出格言论发挥名人效应，对电视和社交媒体传播艺术之精通、实践经验之丰富，远非寻常政客可比，我们可以从他竞选以来的言辞可知。比如，特朗普刚刚宣称参加竞选的时候，自诩坐拥100亿美金，这是最有力的政治攻势。特朗普知道自己是娱乐界、商界人士而非政界人士，他的富裕能让民众相信他不会因为筹集款项而讨好华尔街，他或许会切切实实干点实事，做点对人民有益的事情。如此了解民众，非希拉里所能及，关于他的大部分新闻都颠覆了美国以往的政客形象，也成功地引起了关注。另外，在社交媒体经营上，特朗普走的也是个人化亲民路线，晒晒打高尔夫，和漂亮老婆秀秀恩爱，炫炫自己的奢华，这些都有别于一本正经、严肃过头的希拉里。

据美国一家权威民调机场（Real Clear Politics）调查数据显示，希拉里在全美大选民调中领先特朗普3.2个百分点，受欢迎率更比特朗普高8.4个百分点。而当特朗普在密歇根两个大湖区"摇摆州"赢得希拉里0.3个百分点时，RCP民调却显示希拉里分别领先3.4和6.5个百分点！

可以确定的是希拉里在美国传统媒体拥有绝对的话语权和支持度，而特朗普对美国的传统主流媒体一直不满，选举早期就对传统媒体"宣战"，例如《华盛顿邮报》《赫芬顿邮报》。特朗普甚至将美国有线电视新闻网（CNN）直接改名为"克林顿有线新闻网"（Clinton News Network），嘲讽其缺乏客观与公正，明显偏袒希拉里。

传统媒体，报纸和电视都是单向传播，缺乏互动性。虽然也可以用抽样问答的形式来统计，但因为样本容量受限制，采样者因个人的主观意愿很容易对采样人群产生偏向性，造成结果误差。希拉里在传统媒体上花了很多费用做广告宣传，但是收效并不理想。特朗普大获全胜，是自媒体和社交媒体的加冕礼，也是传统媒体由盛而衰的转折点。

特朗普推特治国

特朗普是自媒体控：每天平均发 12 条推文。特朗普任命 29 岁的贾斯汀·麦康尼担任新媒体战略主管，这是白宫第一次设立新媒体战略主管。

特朗普各个社交平台上的粉丝总数超过4000万，算是一个大V，对于人们的询问他在社交平台上都是及时回应，这一点有别于传统政客。众所周知，外交政策都是很神秘的，一般都是由美国国务院的发言人来发布，到特朗普这里就颠覆了，特朗普有些什么想法，基本上都会很快通过推特发布出来，这就绕开了传统政客套路的圈子，直接面对大众，让大众第一时间知道他的想法。虽然有时候会让世界紧张，但是其透明度和直接度却有非常大的提高。特朗普绕开一切外交辞令、繁文缛节直接在推特上宣示自己的内政外交大计、公布人事任命消息，这种方式在历史上是绝无仅有的。

还未宣誓就职，特朗普就给总统的专机制造商波音公司来了个下马威。他在推特发文称："波音要为未来总统生产全新的'空军一号'波音747飞机，可成本已经失控，超过40亿美元。取消订单！"波音公司市值瞬间就蒸发了15亿美元，逼得波音公司老总赶紧表态"空军一号"的价格有得谈，还不忘把特朗普夸了一通。特朗普就这样通过推特成功大幅度砍波音公司的价，推特治国小试牛刀就证明了其强大的杀伤力。

面对那些反对者，特朗普也毫不客气，他发布推特称：没有任何人可以燃烧美国国旗！如果真有人做，那他们一定会付出代价——可能是失去公民资格，或者是被投入大牢！而燃烧美国国旗是最高法院支持的"言论自由权"。美国1989年"得克萨斯州诉约

翰逊案"（Texas v. Johnson），以及 1990 年"联邦政府诉艾希曼案"（United States v. Eichman）中，最高法院均判定燃烧国旗合法，这也就成为美国社会的一种约定俗成的共识。美国民众都忍不住了：超过 3 万人在请愿书上签名要求推特封了特朗普的账号。推特方面警告特朗普不要违反推特的使用规则，不然可能会被直接封号；同时，推特发言人还强调，不会为总统"开后门"。

入主白宫后，特朗普也一直在坚持推特治国。据特朗普推特数据显示，特朗普任期一个月内，特朗普账号共发出 199 条推文。《华盛顿邮报》对特朗普的所有行程进行了分析后，发现特朗普在就职一个月（744 小时）内，发推文的时间占了 18 个小时。不论是内政还是外交，特朗普都钟情于用推特表达政见。在与默克尔会面两天后，他连发两条推文"催促"德国补交北约国防军费。

特朗普在接受美国福克斯新闻专访时表示，他之所以如此热衷于推特治国,是因为他坚信推特可以帮他避开"不诚实"媒体的报道,同美国人民直接对话。"听好,我并不喜欢用推特,我还有其他事可以做。但面对不老实、不诚实的媒体,这是我唯一能够反制的方式。"

特朗普上台后,国际大品牌纷纷修改广告计划

2016年,美国人累计花费逾1284年时间在社交媒体上阅读和观看特朗普。特朗普给国际大品牌上了生动的一课,单靠传统媒体已打不赢营销战了。特朗普上台后,国际大品牌纷纷开始修改媒介投放计划。

在传统的品牌传播中,企业往往处于被动地位,必须花钱让媒体来报道自己。即使是事件营销,大都也要靠媒体报道才能扩大声量,但是这种模式将在特朗普时代画上句号。他凭借着争议性的观点、操作敏感话题和炸裂性的表情包,让媒体常常免费给他上头条,不花钱就占了最优广告位。狗咬人不是新闻,人咬狗才是新闻。自带流量的争议内容,媒体更乐于主动报道。特朗普的胜利是自媒体的胜利,也是内容营销的胜利。与其花钱买媒介,不如自己成为内容生产商,让媒介主动找上你。特朗普不仅守住了社交媒体的桥头堡,纸媒和电视媒体也都"锦上添花",为他带来可观的免费曝光量。谁的内容营销玩得溜,谁的媒介策略找得准,谁的品牌魅力更

吸粉，谁的广告语更撩人，谁就能吸引住消费者。特朗普的胜出给企业的启发是，单靠打硬广告的时代已经过去，内容营销时代来临。品牌必须通过自我生产有价值的内容来吸引流量，扩大声量。

如果你拥有有价值的内容和持续生产内容的能力，那么你就拥有流量黑洞。近年来，很多企业开始布局内容营销，或成立自媒体，或跨界合作。特朗普的胜出将这股潮流引向高潮，国际大品牌纷纷开始修改媒介投放计划，要在内容营销的大潮中分得一杯羹。可口可乐成立实时的新闻编辑室，整合其社交媒体营销渠道。作为世界上最大的广告商，可口可乐的这一动作是一个全新的信号：品牌传播正向看内容生产商迈进，内容的沟通传播与新一代消费者同频共振。未来企业不仅要生产产品，更要生产与其品牌价值一脉相承的、又好玩吸引人的品牌故事内容。不仅是可口可乐，宝洁也修改了它的媒体广告计划。作为快消品行业的百年老炮，宝洁敏锐地察觉到新营销趋势，在总统大选后不久公布的2017年市场规划中，表现出了不断降低广告制作费用的决心，继续精简广告和PR代理商数量。在广告制作模式上，宝洁开始越来越多采用"开放式广告承包"和整合制作的形式。说白了，就是用更少的预算做更有效的广告。

欧莱雅也在内容发行上尝到了甜头：它甚至在内部创建了一个内容工厂，与YouTube密切合作，专门制作美妆干货视频，既满足了消费者对美妆的知识需求，又无形中推广了自家产品，可谓一箭

双雕。欧莱雅还与自媒体账号广泛合作，通过高质量的自媒体资源，为自己的产品做软性推广。欧莱雅曾与 Papi 酱深度合作，通过她的火爆视频来推广旗下美即面膜。未来，品牌商在内容营销上的布局会更深入和系统。

除了内容生产，企业还可以通过打造领导者的差异化人格来加强品牌势能。特朗普最大的 USP 就是他与众不同的个性。你永远无法预测到他的下一个新闻引爆点是什么。他的自我定位十分清晰：绝不好好说话。他放弃了高端精英市场，坚持为低收入白人群体做代言一百年不动摇，专攻美国普罗大众的金字塔基市场，反而取得了胜利。反观希拉里，想赢得所有人喜欢却最终没能守住优势。差异化的鲜明人格，加上自带流量的传播内容，让特朗普"乱拳打死老师傅"。可见在注意力稀缺的时代，人是注意力的入口。品牌领导者成为打造品牌 IP 的重要选项，也是最灵活的内容生产者。

"特朗普现象"将推动未来品牌向着"IP+内容"的方向发展，品牌既要有持续生产优质内容的能力，又要有差异化性格的品牌IP。媒体也是需要素材的，你能提供优质内容，何愁没有曝光量？在可口可乐和宝洁之后，还会有更多大品牌修改它们的媒介投放计划。

知识经济时代来临

以互联网为技术基础诞生了各式各样的分享经济商业形态：闲置汽车诞生了滴滴、优步等交通工具分享平台，闲置房产诞生了爱彼迎（Airbnb）等房屋分享平台，凡此种种，分享经济成为过剩型社会中新的商业风口。

物的分享能创造商业机会，现代社会每个人都拥有独特的技能和知识结构，知识和技能的分享同样创造巨大的商业机会，知识付费作为分享经济的新组成部分，呈现出巨大的商业潜力。

知识付费即受众通过付费的方式，在相关媒介平台以获取自身所需的无形商品，其中包括文化知识、专业经验、技能等。付费问答、付费音频等都是知识经济的典型产物。

"精食"信息时代

当今社会是一个信息大爆炸的时代,各种信息层出不穷,信息受众群体在纷繁复杂的资讯里筛选出精细化的内容无疑需要耗费大量时间成本。和人们需要吃健康、精细的食物一样,人们也需要"精食"信息,即接受去杂质化、有用的、简单化的信息。这样的环境背景下,大众对于精细信息的需求就形成了知识付费市场的基础。

知识经济有赖于互联网技术的成熟,让具有文化积累、专业知识、工作经验的内容产出者拥有分享知识和将知识变现的可能。在互联网知识分享平台未形成前,知识变现存在两大难点:其一是渠道有限,知识分享和变现的渠道仅限于出版、授课等。其二是个人知识和版权得不到有效的保护,以微软为例,进入中国市场后为其所带来的经济效益十分有限,层出不穷的盗版事件是影响其发展的主要原因。随着近些年我国加强了对个人知识版权保护的重视,越来越多的内容产出者也懂得了学会保护自己的知识版权，与此同时，广泛的受众越来越尊重知识版权，也愿意付费获取优秀的知识产品。

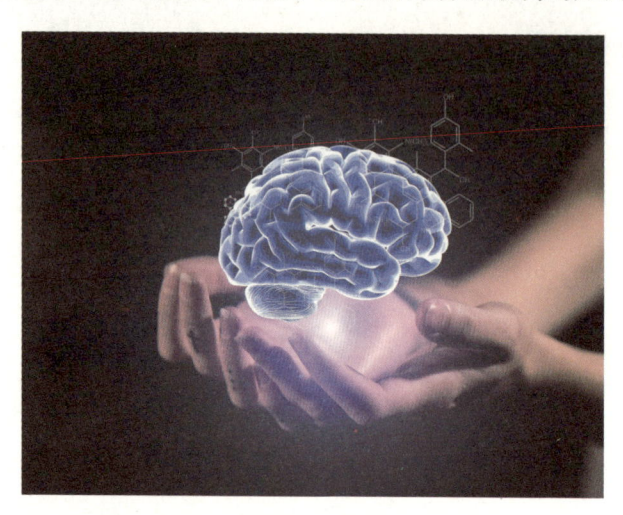

随着移动互联网时代的来临，智能手机已经成为人们生活的重要组成部分，各种 App 软件和支付方式改变了人们的生活习惯和消费习惯，为知识付费提供了强大的技术支持。除此之外，移动生活时代，人们对于效率的追求也越来越高，地铁、火车都成了学习、办公的场所，手机有效地突破了时间和空间的限制，知识可以随时随地传输，也进一步加快了知识获取方的效率。

知识经济成互联网商业新宠

随着豆瓣上线了其付费产品"豆瓣时间"，意味着知识付费行业又加入了一位强有力的竞争者，而微信也看中阅读付费这块沃土，知识付费行业已经受到众多平台的青睐,纷纷渴望在此分一杯羹,知识付费行业的火爆程度由此可见一斑。

知识付费平台众多,包括喜马拉雅FM、知乎、得到、分答、在行、懒人听书等,上线的内容更是丰富多样。懒人听书目前用户已经达到2.2亿;而喜马拉雅在推出不到5年时间里,注册用户人数已超过2亿;得到于2015年12月上线,短短一年多的时间订阅人数就已经达到500多万,并且呈不断上升的趋势。其他平台也不甘落后,注册及在线人数也异常可观。这些喜人的数据背后蕴藏的是广阔的消费市场,而为其带来的最为直接的就是经济效益。

马东推出的栏目《好好说话》在喜马拉雅平台上线的第一天即突破了500万销售额;分答上线之后,有着"国民老公"之称的王思聪加入其答主行列,回答32个问题后获得23.8万元的收入,每个问题标价高达4999元,令人咋舌。罗振宇的《罗辑思维》、北岛主编的《醒来——北岛和朋友们的诗歌课》等带来的经济效益也非常可观。可见知识付费这块市场蛋糕有多美味。

除却知识付费带来的直观经济效益,其背后隐藏的品牌传播价值尤为突出,自媒体人以及品牌商通过掌握的专业知识以及娱乐信息为用户做出专业或幽默的解答,打造成较为广大用户熟知的内容专栏,对个人的品牌提升有着重要的影响。

知识付费的火苗可以燃烧多久？

知识付费在短时间内取得了飞速的发展，并且向上的势头迅猛。那么，付费经济到底是如流星般一闪而过，还是保持恒久发展的势头呢？

众所周知，知识付费是伴随着分享经济的势头逐渐发展而来的，而分享经济在改变社会经济层面已经取得了很大的效果，无论是国家还是个人，都对分享经济保持着强烈的支持与参与度。作为分享经济的产物，知识付费有着深厚的基础和良好的发展土壤，符合人们对知识需求的渴望和移动互联网的发展趋势。

知识付费的一个重要消费基础在于对优质文化产品的加工，这里的"知识"结合了个人的专业经验。虽然也是二手信息，但是经过加工之后，具有很高的实用性，符合现代社会潮流下用户对信息的要求。其次，行业的竞争加剧了产品的产出效率，生产和生活速度不断加快。这样的环境背景下,人们对信息搜集和整理的要求越来越高,而依托于移动互联网终端设备的知识付费平台,直接将内容生产者与用户连接起来,告别传统的被动、复杂性接受,将知识的传播变得简单化。没有对比就没有伤害,传统的知识传输必须通过书籍或者个人讲座等,局限性很大,而付费知识,通过手机 App 就可以了解所有所需知识。因此知识付费可以很好地解决人们对效率的追求。

知识付费平台不单单是一个知识传播和共享平台,其中还融入了个人知识产权保护作用和品牌宣传作用。平台栏目对个人品牌的孵化有着非常重要的作用,而且通过开放的平台,可以更好地将个人理念或者公司理念传播给大众消费者,其隐藏的宣传价值也是不可估量的。

所以,知识付费是在市场的广泛需求和互联网发展基础之上衍生出来的一种全新的知识获取模式,它为人们的生活带来深远的影响,势必成为燎原之火。

第四章
媒介即渠道

让消费者发现你比你发现消费者更重要

传播新势力：钩瘾型媒体称霸江湖，你out了吗？

让消费者发现你比你发现消费者更重要

移动互联电商时代,媒介即渠道,品牌传播的关键是让消费者从浩瀚无际的信息中发现你。只要消费者"在人群中多看你一眼",轻按支付,琳琅满目就都到面前来。让消费者发现你,比你发现消费者更重要。

媒介即渠道

广告主寻求媒介是希望借助媒介的"媒人功力"探寻并迎娶到优质客户。传统商业时代,为了引起消费者注意,你必须把货铺到消费者面前。这种做法就好像是在街角定点献花的择偶男士一样,见到来往的美女就献花一束,以此在人来人往的人群中寻找"情投意合"的那个 ta(消费者)。不可否认这种传播方式会争取到一定的曝光率,但前提是你必须拥有足够强大的铺货能力,否则受限于终端，广告与销售是脱节的。

随着线上线下无缝连接的完成和终端的打通，品牌传播发生巨变，线上的宝贝看到的即可购买，所见即所得成为可能。随之巨变的还有新一代消费者的消费行为。以前广告主的促销信息是单向传播的，消费者是被动接受的；现在品牌传播呈双向式，消费者反客为主，开始主动检索、打捞自己感兴趣的信息，不再受控于单向传播。不言而喻，移动互联时代，消费者通过什么途径发现你变得比消费者通过什么渠道消费你更重要。也就是说，媒介比渠道更重要。

过去要在茫茫人海中找到一个人，可能要满世界呼唤。移动互联网时代，全世界互通互联，就算消费者远在天边，互联世界的弱关系也可以让你只通过六个人就找到ta。同理，消费者也可以只通过六个人就能找到你。可见，这个时代只要让消费者知道你，消费者就能找到你。媒介即渠道，找对媒介的同时也就找准了渠道。因此，广告主现在要做的更重要的事是：让消费者发现你。

不难发现，媒介不断进化，传播通路愈加多元，受众的注意力也随海量信息的扩散而更加分散。广告媒介的开放程度与广告效果成反比关系：开放程度越高，传播效果越差。于消费者而言，要在这样的传播环境中发现你，那就像是要在大海中捞针一样困难，这对于广告主来说绝对是噩耗。那么什么样的媒体具有传播优势呢？

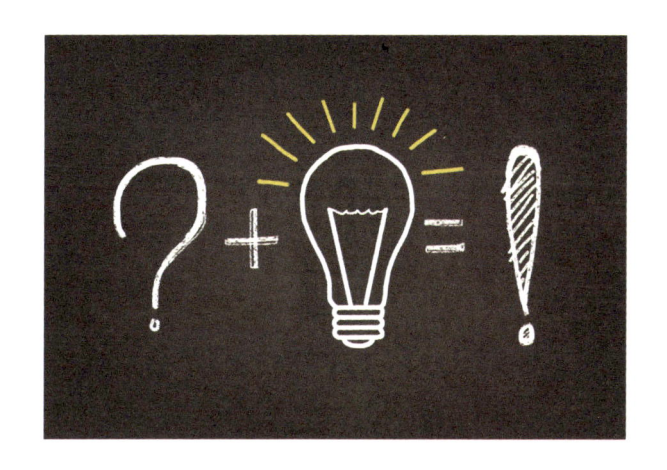

电子潮流后纸质书回暖

电子阅读袭来的时候曾一度把纸质书逼到墙角,大批实体书店相继关门倒闭。就在大家以为纸质书命悬一线的时候,剧情又发生了神反转。据尼尔森2015全球图书零售市场报告显示,除少数国家纸质书销量出现零增长和负增长外,2015年英国、美国、巴西、南非等国的纸质书销量都有所好转,其中与前一年相比同比增长最高者达20%。纸质书回暖消费迹象凸显。

民调显示,不只老一辈人喜欢阅读纸质书,"千禧一代"也喜欢纸质阅读。人们喜欢纸质阅读不是没有道理的。相比电子阅读,纸质书更具有不可替代性和低干扰性。人们在阅读纸质书的时候能够真实存在地感受电子阅读无法满足的体验价值:油墨书香、沉甸甸的分量、纸张的纹路质感……再者,人们在阅读纸质书的过程精神

更集中,更不容易受到干扰,回想一下你平常阅读电子书的状态就明了了。当你抱着 iPad 或者拿着智能手机阅读电子书时,一会儿来一个微信消息提示,一会儿来一个短信提示,注意力自然而然就被分散了,也许一本书的开篇还没有看完,你可能就被那些不断跳出的提示消息吸引去了。

透过现象看本质,纸质书回暖的背后隐藏着人们对纸质阅读本源的回归。于品牌而言的启示是,广告传播有回归传播本源——聚焦、低干扰的迹象。可以预见,在移动互联粉尘化时代,探得一块低干扰的"静"土将变得弥足珍贵。

低干扰媒体是引爆主流的新锐媒体

电影院里看电影有一个不成文的约定:大声喧哗、来回走动、玩手机等都是不文明的行为。因此,在观者入座后、电影开始前,大家基本都会自觉将手机亮度和音量调低。因为在电影开播后，影厅四周的灯光都会暗下，全场一片漆黑。在全场安静下来后，远离手机等干扰物的人们便更能够将注意力聚焦投入到影院的屏幕上去，而此时此刻便是企业接近消费者的最佳时机。在跨越了外界干扰的鸿沟后，企业一下子拉近了与消费者的距离，像映前广告这种"低干扰"媒体让企业促成消费的实现又进了一步。

从国家新闻出版广电总局电影局发布的数据来看，影院映前广告价值凸显，影院观影已经成为国人的一种生活方式，2016年中国电影票房457亿元，城市院线观影人次超过13亿。而我们知道，这一大票观影消费人群中，消费主力为都市时尚主流人群。移动互联时代，消费升级，中产崛起，"得主流者得天下"。低干扰媒体正是抓住主流人群、引爆主流人群的新锐媒体。不言自明，集优质受众人群、震撼视听效果、高到达率等优势为一体的影院映前广告价值凸显。

精准互动的智能化媒体是引爆主流的新锐媒体

也许你也有过类似的经历，某段时间在网上浏览过时尚类资讯，那么在随后的日子里你可能会接收到时尚单品、潮流趋势等相关推荐；同样地，如果你某段时间经常关注体育资讯，你将会接收到运动品牌等相关推荐……互联网媒体正从移动互联网向智能互联网过渡，智能化媒体对受众的细分愈加精准。

简单地说就是，互联网媒体时代你可能只能了解到看娱乐八卦的大部分是女性，但却无法看出这类人群具体的用户画像以及他们的需求导向。而智能互联网时代，更加智能化的媒体能够清楚地知道受众的需求，并能以受众需求为导向，精准、个性化地进行回馈式投放。今日头条之所以能杀出 BAT 的重围跻身头部媒体行列，遵循的正是这一发展逻辑。其优势在于算法分发，通过算法可以弄清用户画像和需求，从而向用户推介相匹配的资讯来精准地抢占用户认知。

时移世易，在复杂多变的传播环境中，找对方向方能找准出路。

传播新势力：钩瘾型媒体称霸江湖，你 out 了吗？

互联时代媒介格局发生巨变，我们似乎越来越离不开手里的那个小方块：

早上起来第一件事是看手机，

看到手机里的"小红点"亮了就忍不住想要去点，

搭乘电梯看到周遭的互动便不自觉地拿起手机摇一摇，

半夜醒来总是不自觉地拿起手机再刷两把，

……

我们似乎都染上了同一种瘾，这个瘾便是"网瘾"。正如赌博让人上瘾一样，网瘾背后其实隐藏着一套从"认知—习惯—上瘾—沉迷"的钩瘾机制。碎片化时代是注意力分散的时代，品牌认知变得困难，要吸引并拖住用户已经很费劲了，更何况要让用户上瘾更为困难。钩瘾型媒体正是巧用这一机制,得以牢牢拖住用户,让用户成习上瘾并形成循环触发转化的媒体。

钩瘾型媒体的出现使得企业无须为抢占消费认知发愁,无须为提高触发频次和转化率担忧。为此,有人预言:钩瘾型媒体将称霸传播江湖。

精准性

抢占认知是钩瘾的第一步。举个例子,如果你压根不知道一个产品的存在,那么你将不会与这个认知之外的东西去发生交易。除非某天你认识了这个产品,你才可能会有与其产生消费交易。这也是认知抢占的必要性和重要性。在抢占认知中有一点很重要,就是要尽可能地去抢占有效认知。这就好比去赌场赌博一样,有的人进赌场就是奔着"赌"字去的,而有的人进赌场并不是去赌,可能找人，可能路过……那么这就要求荷官有一定的辨别能力了，而非抓着那些根本没打算或不想下注的人。于品牌宣传的启示是：精准地抢占认知比广撒网式的效果更佳。

钩瘾型媒体具有精准抢占认知的能力，这让电视媒体等一刀切式的传统主流媒体失势。电视媒体的传播方式是一对多式的，在智能手机尚未普及之前，可能很多家庭会一家人围坐下来一起观看一部剧。但在几乎人手一台智能手机的今天，人们的注意力被分散到掌中的小屏上，每个人不必再迁就谁，想看什么剧就看什么剧。人们可以根据自己的需求在视频点播媒体上搜索，不再受限于电视频道的数量和内容，因为网络视频点播媒体拥有海量的视频资源。这种传播方式从一对多变为一对一，更聚焦更精准。这个时候电视媒体那头的剧情也就成为人们耳边的背景音了。在精准抢占认知方面，以大数据为核心的智能媒体价值更胜一筹。

延时性

延时性是钩瘾型媒体的关键。认知抢占完成,下一步便是拖住用户的时间。拖住用户的时间,让用户形成习惯。一旦习惯养成,我们就会不由自主地去做一些事。正如曲婉婷一首歌里所唱到的那样:"没有一点点防备,也没有一丝顾虑,你就这样出现,在我的世界里,带给我惊喜,情不自已。"可见,一旦认知成习,消费者在需要你的时候就会第一时间想到你并主动找到你。

以今日头条、分众传媒此类钩瘾型媒体为例。今日头条通过算法匹配分发兴趣推介,使得那些原本只是访问一条资讯的头条用户一而再再而三地刷开相关联的资讯,这无形中就拖长了用户的使用时间,同时也为广告主品牌宣传提供了嫁接空间。生活圈媒体分众亦是如此。流转于现实和数字世界的人们终究是要生活在现实世界的,离开了线上的朋友圈,我们就会回到线下的生活圈。尤其是都市白领一族,相对于其他人群,这类人群的生活圈更为稳定,无不围绕着生活社区和工作写字楼宇,这些区域是他们生活的必经之地。这时候封闭空间的延时性传播价值便凸显无疑。想必大家在乘电梯时都有过在电梯间里信号受阻,然后不得不放下手机不自觉地浏览起周遭电梯海报广告的相同体验。

封闭空间借助得天独厚的传播优势成功地引起了用户注意。无聊时间和尴尬时间为封闭空间传播载体打开了拖住用户时间和抢占用户注意力的市场。时间一长，用户因无聊而不自觉浏览广告的新习惯就被激活了。

成瘾性

成瘾性是钩瘾型媒体的核心竞争优势。让一个人对某物上瘾的方式就是不断地对其投入，无论精力还是财力。我们之所以无法抽离微信世界的原因正在于，微信捆绑住了我们的人际关系和荷包，以至于我们在微信上停留得越久，在其中投入的精力就越多，这也意味着当你想要抽离它时，你的投入成本也就越大。更何况微信还有不确定的奖励"红包大战"。"变动奖励"是让人上瘾的关键因素。心理学研究发现，如果某一行为总是触发同样的结果，人们会很快厌烦，这就是为何游戏闯关中要设置不同奖励的原因所在。因为如果每闯过一关获得的奖励都是一样的，这款游戏就会让人觉得无聊透顶毫无期待。

深谙钩瘾逻辑的分众传媒早在10年前就意识到了变动奖励的重要性，积极布局互联网、无线领域，现在成功打造了基于LBS和O2O建立的集"用户、数据、终端、社群"于一体的主流消费人群的商业生态圈。分众在布局全国的25个主要城市，都市主流人群每天必经生活场景中植入了大量的移动wifi和ibeacon，通过随时随地可与用户手机连接的移动wifi和ibeacon实现了微信摇一摇、360摇一摇、手机淘宝摇一摇等精准互动的成瘾设计。

变动奖励的成瘾设计和O2O互动形成为分众带来的不仅是溢价能力的加分，更是强大的互动能力和引爆能力。饿了么、神州租车等独角兽企业的成功引爆便是其引爆能力的表现。

传播江湖日日变，月月变，年年变，称霸武林的盟主也在不断易主。看来，接下来笑傲江湖的将会是传播新势力：集精准性、延时性和成瘾性为一体的钩瘾型媒体。

第五章
游戏化思维

如何用娱乐思维改造传统行业？

如何用游戏化思维管理90后员工？

如何衡量互联网产品的价值：赌场、电子游戏、互联网的成瘾机制？

如何用娱乐思维改造传统行业？

比互联网思维更潮的是什么？答案是游戏思维。移动互联网时代，什么可以让年轻人全神贯注、忘乎所以、无视时间流逝？唯有游戏。

人类平均每周花费在网络游戏上的时间超过 300 亿小时，平均每周花费 593 万小时在魔兽世界；而如果把脸书这种让美国人每天都会打开的社交应用也理解为一种游戏的话，美国人每月花在脸书上的时间总和相当于 10 万年。

席勒说，只有当人游戏的时候，他才是完整的人。爱玩是人的天性，但随着网络游戏的兴起，越来越多的深度游戏迷沉浸在游戏之中，致使社会多数人对游戏这一产物有着严重的刻板印象和误解，把玩游戏等同于"不务正业"。

但如果不把游戏仅仅等同于网络游戏去理解，我们会发现人类就是生活在游戏之中。电视节目、"开盖有奖"、比赛、股市、旅游、舞蹈、唱歌、社交网络、网络购物、智能手机……无一不具有好玩、主动参与、让人沉迷其中的游戏特征。

既然游戏有如此魔力,那么能否运用开发游戏的思维来管理企业,让员工"玩着把活给干了";能否用设计游戏的思维来开发产品,让消费者对产品产生深深的依恋,不能自拔;用游戏的规则来进行销售,让消费者参与其中。用开发游戏的思路去开展商业活动是所有企业不应忽视的商业意识。

游戏化(Gamification)思潮的推动者盖布·兹彻曼认为,"游戏化是指运用游戏思维和游戏机制来解决问题和锁定用户的过程。"而他本人也由一个深度的游戏玩家成为一个游戏化推广者和游戏化方案提供者。

商品经济时代,许多传统企业都在植入娱乐思维,航空、通信、旅店、时装、餐饮……甚至银行都在注入娱乐思维。游戏化就是理解人爱玩的本性,将所有的枯燥无味的事情诸如工作、产品变得生动有趣,让参与者乐于主动参与、明确目标、集中精神、完成任务、获取反馈、沉浸其中的理念和机制。由此来看,每个企业都需要这样的思维和机制,而这也势必将具有这样思维和解决方案的企业的竞争力提升到一个更高的维度。那么,企业应该如何进行一场深度的游戏化改革?企业是否游戏化可以从三个维度去衡量:产品是不是好玩;品牌是不是有趣;销售是不是好玩。

设计游戏化——让产品好玩

人们通常认为只有儿童喜欢玩具,其实不然,成人也无一例外地喜欢玩具,只是成人需要的是与心智相匹配的玩具。

好用的产品对于消费者而言只具有工具属性,只有人们需要达成相应目的时才会想起和眷顾,而好用又好玩的产品在工具属性的基础上加上了娱乐功能,具备了让消费者依恋、沉浸的力量。

乔布斯深谙让产品游戏化之道,苹果的所有产品与其说是硬件电子产品,不如说是成人的游戏机。当台式音乐播放硬件设备大行其道时,苹果开发出了轻巧、智能,可以"将 1 000 首音乐装进口袋"的 iPod;当其他手机厂商还在用做通信硬件的思维去做可以通话效果更好的手机时,苹果则推出具有通信功能和娱乐功能的智能手机。"好用"不如"好玩"，和其他硬件厂商相比，游戏化的产品设计思路将苹果的竞争力提升到一个新的高度。

故宫淘宝除了萌萌哒产品外，还推出了结合流行游戏元素的《皇帝的一天》App，里面是一个个精心设计的小游戏，不仅妙趣横生，而且你还可以将成绩分享到朋友圈，与朋友们来一场勇气和智力的大比拼。故宫还研发上线了两款 iPad 应用：《胤禛美人图》和《紫禁城祥瑞》。这些卖萌、搞笑、有趣好玩的产品、游戏，俘获了无数小鲜肉的芳心。故宫旗下淘宝店更是成为爆款聚集地，2014年开始，故宫的文化产品收入就已远远超过门票收入。

继"昵称瓶""歌词瓶"后，可口可乐又推出"一见你，我就挺钟情的""如果爱，请深爱""咱们结婚吧""下辈子，还做兄弟"等"台词瓶"，覆盖了与受众息息相关的生活情境，进一步增进了品牌与受众之间的情感共鸣。

在新的商业竞争中，如果你的企业还在传统商业维度上拼价格、拼品牌、拼渠道，那企业的竞争力正在丧失。企业应该反思的是，产品在好用之外，是否好玩。

娱乐营销——让品牌好玩

80后、90后的消费者在物质充裕的时代成长起来,所以他们是当下最具娱乐精神的一代。通过娱乐营销让品牌不再是高冷、端着的形象,对于企业品牌的年轻化来说是高明的一招,娱乐营销也成为当下最有成效的营销形式。

我们曾为老牌企业青岛啤酒设计过一套游戏化方案:青岛啤酒是1903年由德国人和英国人在山东青岛创办,可谓历史悠久;为加强和年轻消费者的品牌沟通,我们为青岛啤酒重新规划了"畅想欢聚时刻"这一新品牌主张。同时为青岛啤酒设计了游戏化的产品方案:将消费者口中简称的"青啤"增加"青年人的啤酒"新释义,建议开发一箱6小瓶的新包装啤酒。瓶标分别为普通青年、苦逼青年、贵族青年、文艺青年、激进青年、欢乐青年。而暗示的消费场景为KTV等夜场聚会场所,相应的游戏规则是抽到贵族青年的要买单,文艺青年要表演节目,欢乐青年逗乐大家,激进青年要做一件很劲爆的事;游戏规则也可以由参加聚会的伙伴来重新解读和制定。

游戏化思维的产品设计思路是将普通啤酒产品转化成青年人社交的玩具,这是和年轻人进行品牌沟通的有效方式,也让老品牌形象变得更加年轻。

消费者参与——让销售好玩

"让销售好玩"的方法早已被商家玩透,形式也在不断更新迭代,从简单的"买一送一"到开盖兑奖形式的"实物换实物",从积分换购到航空公司累计航程兑换特权的常旅客计划,销售过程的游戏化已经常玩常新了。宜家曾经推广过消费者店内留宿的活动,其目的是让消费者真正熟睡后感受到床的实际功能。与此同时,宜家还提供了免费早餐。如此贴心的服务,竟是免费参加。唯一的条件是,在第二批消费者来体验的时候,留宿的消费者要起床。宜家用这种愉快的方式,成功推销了新床品。

有个段子形象地形容罗永浩:罗永浩是相声界手机卖得最好的,手机界最会说相声的。老罗是一个妙语连珠的演说家,很多人买票参加锤子手机的新闻发布会,是奔着听罗永浩演讲去的。锤子手机的用户完全是奔着好玩去的,罗永浩是网络时代"娱乐思维"的大赢家。如今是注重娱乐化的移动互联网时代，是一个注重"我的地盘我做主"的新消费观念崛起的时代，特别是在商品极度供大于求的现状下，娱乐化趋势更为突出。商品即使存在功能不足，性价比不高，但只要好玩、够酷、够炫，也能得到脑残粉们的热烈追捧。

游戏化思维就是一种把企业转变为游戏设计者，而把消费者变成玩家的思维，让消费者在购买产品的时候产生玩游戏的快感和沉浸感。游戏化思维可以运用到商业领域的方方面面，成为商业领域的催化剂。

如何用游戏化思维管理90后员工？

传统雇佣时代，雇佣关系是终身制，大多数人不会选择中途离场，因为坚守阵营是保住饭碗的最好方式；而今，雇佣关系不再稳定，契约精神也由终身制转换为任期制。在企业寻找和培训合适岗位人才的成本愈来愈高的今天，同样让企业不堪其扰的是90后员工职业稳定性差的问题。面对毛病多多、换工作跟换衣服一样频繁的90后员工，企业须反求诸己，正视时代更迭、转变管理理念、改变管理方法。因为，世界终究是属于年轻人的，企业的未来也需要托付给年轻人。

当下正是一贯被人们贴有浮躁、任性标签的90后小鲜肉们叱咤职场的时代，随之而起的新管理改革潮也已经到来！因此，如何用新管理方式牢牢黏住90后员工成为企业亟须探讨的问题。

据《纽约时报》报道，全球人们每周耗费在游戏上的时间超30

亿小时之多，远超读书时间。不可否认，我们耗费在游戏上的时间相当多，而且大部分年轻人都已经沉浸在其中，乐此不疲地炫耀自己游戏的成绩单。游戏化思维正在改变我们的生活，如果你是一个生活观察家，那么你就不难发现生活中利用游戏化思维产生的美好已经遍地开花了，最近的VR技术就是典例之一。

同老一辈们相比，在幸福、和平年代成长的大部分90后不再只是单纯地为糊口谋生而工作着，身为互联网时代的原住民，金钱的诱惑、传统的说教对于思想更多元和更具批判精神的他们而言显然不那么奏效。他们更渴望的是拥有一份开心的工作，体验一份有成就感的职业，收获一群志同道合的小伙伴。也就是像90后创业代表马佳佳所说的那样："边玩边把钱给赚了"，而游戏恰好具备这样的魔力。

游戏化思维不仅局限于电玩、网游等单纯的娱乐游戏。简单地说，游戏化思维更是一种将工作或生活场景置换成游戏场景，并以游戏的规则、元素以及奖励机制等组合而成的营销手段或生活方式或工作方法。其目的在于寓教于乐，通过游戏的方式精心设计"游戏"的场景，以此让"玩家"在娱乐中高效生产，更好地完成预设目标。无论是品牌营销、企业管理，还是医疗、教育都可以通过游戏元素设计激励机制，让参与者变身玩家，在娱乐和竞技中出色地完成预设目标，譬如商场消费的满额赠返点券，减肥健身时限内提前达标返现……

游戏的真正魅力在于，它能让人在充满乐趣的氛围下不知不觉地完成难以企及的任务，能够极大地满足参与者的成就感，从而提高"生产力"。因此，在工作中融入游戏化思维至关重要。我们大致可从签到打卡、工作内容、奖惩机制、工作环境、员工活动等方面着手改变。以微软为例，像微软这样的大企业也躲不过年轻员工的管理瓶颈。

回归自由，化约束

移动互联网时代，移动通信的支持使办公变得更加便利化、移动化，无须到办公室，只要在有网络和硬件支持的地方就可以办公。因此，对"千禧一代"而言，上下班限时打卡这种条条框框的制度是一个绑架自由、约束灵感的愚蠢方式。而截至目前，为了约束员工完成上班时限，绝大多数企业往往都还保留着传统的强制性的打卡签到制度。这种方式能把肉体绑在办公室里,但却绑不住心。一个团队中可能每个人对时间的支配方式不一,每个人在某时段效率的高低也不一,所以最好的时间管理方式,就是信任员工,凭借员工对个人成功的渴望和对公司负责的态度,让员工自己管理自己的时间。

作为游戏化思维管理的先驱,微软深谙年轻员工管理要领,摒弃了传统繁杂的打卡签到制度,提出了"工作任意小时"的弹性制度。该制度不仅升华了员工的时间管理,更是恰如其分地提高了员工的工作效率。如今,很多80后、90后创业者也纷纷提出弹性的工作制度,有的企业已经通过远程技术实现雇员在办公室外的场所办公。游戏化思维就是自由放松,回归自由,让上下班打卡制度弹性化或去除一些不必要的约束,让员工在最舒服、最轻松、最高效的状态下完成工作,工作的效率和质量自然也就上来了,何乐而不为?

快乐工作,反枯燥

在反枯燥方面,微软也是最有话语权和尤为值得借鉴的。微软的老兵罗斯·史密斯在晋升管理层后同手下逐个面谈发现,自己与"千禧一代"的年轻人之间存在一定代沟。60后的他在微软就职长达20年时间,几乎把青春都献给了微软,而他手下年轻优秀的程序员的表现却与他截然不同。面对基础、无聊、毫无挑战的代码审核测试工作,"千禧一代"更羡慕同龄人炫目的创业荣耀。尽管薪水稳定丰厚,但相对于枯燥的工作和埋没自己的能力和青春相比,大部分人更愿意选择适时离去,而不是像上一辈人一样扎根于此。

  年代不同,工作态度和认知情况亦不同。显然,随着移动互联网的发展,上班打卡的日子已经渐渐远去,随之兴起的是弹性的工作制度。为了提高员工的积极性和创造力,史密斯尝试顺势而行,以年轻人喜闻乐见的方式来激励士气。他炮制的代码审核游戏,让程序员们告别了以往枯燥无趣的测试工作。游戏化思维就是快乐工作,参与游戏的职员们通过小组竞技的形式进行,每个小组选择一段代码主攻查漏获得分数和排名。分团队作战不仅萌生出了许多不同的查漏策略,更是激励了集体作战的团队意识。最终,这个寓工作于玩乐的游戏取得了良好成效,他的部门成为公司员工流失率最低的部门。

个性福利,创惊喜

  移动互联网时代又为社交媒体时代,"晒"成为时下年轻人颇为流行的生活方式，员工福利也被列入年轻人晒生活的行列，平淡无奇的传统福利显然勾不起"千禧一代"的兴趣，拥有个性福利的企业才能脱颖出位，留住他们的心。

为了"千禧一代"，企业主们也都是蛮拼的，绞尽脑汁玩出各种惊喜和能量。有的企业为了给程序员们减压，召唤软妹纸为其提供免费按摩服务；有的企业在情人节当天放假，并且给员工发鲜花、巧克力；有的企业贴心地为员工购买春节回家的车票，彻底告别那秒不到票的无奈和忧伤；有的企业为了帮助员工应对房价压力，耗费巨资打造"iHome"计划……游戏化思维就是要不断地有惊喜。

种种这些，小到细致入微的生活服务，大到安营扎寨的工程协助，这些惊喜福利不仅体现了企业的人文关怀，更是为员工的工作和生活增添了能量和动力。

绩效奖惩，玩创意

绩效奖惩制度是企业员工管理中至关重要的一环，设计得好能驱动员工的热情，激升效率和业绩。设计得不好有可能会扼杀员工的工作热情，效率和业绩自然也就无望。那么如何将正向奖励的诱惑力放大，如何将负向考核的挫败感降到最低以慰藉这些幼小的心灵，这些都是企业需要探索的。

微软在这一方面也是行家，有一套特别的激励机制。他们从不吝啬奖励出色的员工，最高奖励可与比尔·盖茨共进晚餐或共舞；对于业绩不理想或犯错误的员工，他们会寻找轻松的场合单独辅导，而不是常规的劈头盖脸地当众斥责。

目前已有很多企业做了很好的标榜，奖惩机制完全可以玩出花来。比如，某员工莫名其妙挨客户训了，颁个心灵创伤奖；某员工的新发型相当成功得体，颁个成功形象奖；某员工提出了很好的建议或创意，颁个积极创意奖；某员工因粗心大意犯错误了，颁个虎头蛇尾奖……这些奖惩机制可设计为月项考核，这样每个员工都有机会获得奖励，热情驱动才能持续发酵，失误率减少，效率才会提高。甚至还可提出企业虚拟币，员工可根据各自表现获得员工匿名互评互给的虚拟币，虚拟币可兑换实物或"休假券"等奖励和惩罚，让每一个员工都参与进来，体验奖惩游戏的乐趣，又完成了奖惩的意义。

当然也有处理不佳的企业，比如成都一家企业老板，在上班期间发红包测试员工并惩罚抢红包员工。这种测试员工工作关注度的手段是对员工信任度质疑的表现，极易导致两败俱伤，惊喜里暗藏考核陷阱的方式绝非上计。

趣味团建，促融和

团队建设好坏与否事关企业凝聚力，一个有凝聚力的企业才是一个有战斗力的企业。中规中矩的团队建设对爱玩且见多识广的"千禧一代"而言索然无味,因此趣味团建亦是企业对新生代员工管理的重要举措。

可圈可点的有阿里巴巴倡导的"帮派文化",为了让主管们更了解员工的压力并释放普通员工的工作压力,阿里巴巴设计了这款角色互换游戏。游戏以部门为中心,每个季度展开一次,普通员工扮演"帮主"角色,相反主管们扮演"小跟班"角色,由普通员工向主管发号施令。以此方式凝心聚力,促进团队融和。游戏化思维就是一群人为了一个目标并肩作战,阿里巴巴也借此迅速壮大,成为世界闻名的大企业。

革新环境,造氛围

微软的史密斯用实践向我们证明了寓工作于玩乐具有激励士气、提高生产的强效。可见,游戏化思维不失为管理"千禧一代"的一剂良方。像微软一样存在代沟问题的企业不胜枚举,其中也有改变得较好的，尤为令人称羡的莫属谷歌。谷歌为员工提供排球场、曲棍球场、泳池等娱乐专区；免费供应零食，简直就是吃货的美食乐园……如此梦幻乐园般的工作环境，怎叫人不心生好感和向往，还愁吸引不了快乐崇拜的"千禧一代"？游戏化思维管理中环境氛围的营造就好比游戏设计中动人心弦的配乐，有了它才能让玩家更投入，更能渐入佳境。

这些企业将娱乐融入工作的一切努力都是为了给员工打造一个充满快乐和幸福感的就职环境，避免"千禧一代"用工难题。当然，未来还有很多游戏化思维的管理方式值得我们去探究和开拓。

如何衡量互联网产品的价值：赌场、电子游戏、互联网的成瘾机制？

互联网在全世界野蛮生长的过程中，中国却诞生了另一种在今天看来很可笑的社会现象：父母为沉溺于网络的孩子焦虑不安，一个个青少年网瘾戒除中心在中国大地应需而生，很多治疗网瘾的方法被使用，其中以电击疗法最甚。江湖有个段子，在一届西湖论剑上，一位台下坐着的中年妇女站起来对丁磊说，她的孩子玩游戏三天都没回家了，她恨不得杀了丁磊。丁磊问这位妇女她的孩子玩的什么游戏。妇女答道是《传奇》。丁磊哈哈一笑，说还好陈天桥不在，他才是《传奇》的老板。这个段子说明，游戏正在影响着中国下一代青少年。它在创造巨大经济价值的同时，也为社会带来了很多负面效应。

如果对网络上瘾是一种病，那么，当下仅仅中国就有超过 7 亿人口的网瘾病人。中国网民人数已达 7.31 亿人次，和整个欧洲人口数量相当；中国人的每周人均上网时长已经达到 26.5 小时；61％的用户每天打开微信超过 10 次，36％的重度用户每天打开微信超过 30 次，网瘾病已经成为国民病。

如果上网会上瘾，那么有网瘾的不仅仅只有中国人。全世界平均每周花费在网络游戏上的时间超过 300 亿小时，平均每周花费 593 万小时在魔兽世界；而如果把脸书这种让美国人每天都会打开的社交应用也理解为一种游戏的话，美国人每月花在脸书上的时间总和相当于 10 万年。

以前成人认为未成年人会被互联网侵蚀意志，但如今来看成人也陷入了网瘾之中。人为什么会对互联网上瘾？这是因为互联网背后有一套和赌博、游戏一样的成瘾机制。

赌场背后的成瘾机制设计

赌博被称为"无毒之瘾",不会像毒品一样害命,但却可以让人不计后果、无法控制自己。这和人们对互联网的依赖和成瘾现象一样,互联网不会伤害人,还改变了我们的生活,但失去手机和断网却让我们像失去一个器官一样让人焦灼。

无论是被称为"罪恶之城"的拉斯维加斯,还是被称为"赌城"的澳门,全世界各地的赌场都有一套类似的成瘾设计机制。一旦进入赌场,你就像进入屠宰场挤压机的牛羊一样,牛羊有序进入挤压机,出来时已经是分门别类的肉块。进入赌场的人和进入挤压机的牛羊一样,也已经进入某种套路。

进入赌场后,你的钱财会被兑换成一个个筹码,在一定程度上

消除你对金钱价值的敏感，输了也不太心疼。

而在赌场的设计方面，全世界所有的赌场无一例外都是和酒店连体，你可以方便地休息，然后开启下一场冒险之旅；高度符合人体工程学的座椅可以让你长久赌博也不会累；赌场没有窗户，你感受不到阳光的变化；任何赌场都不会设置时钟，以消除人对时间的感应能力。

有的赌场聘用妖娆美女做"荷官"，是为了激发冲动催化剂，给你"我是最强的"心理暗示，让你可以尽情释放男人"英雄"的一面，削弱理性，大胆投注。

此外，还有最重要的一点，无论赌场还是赌博游戏机，都会不断制造出一种"差点就赢""差点就中"的期待感，让你一直保持兴奋和期待。

就在这样一套严密的成瘾机制设计中，你失去了对自我的控制而陷入赌瘾的旋涡。

游戏让人欲罢不能的秘密

和赌博有异曲同工之妙，游戏设计者深谙赌博让人上瘾的机制设计套路，在游戏设计中隐藏着一个从"知道—开始玩—层层深入—上瘾—沉沦"的引导链条，游戏产业的成瘾手段就像餐饮业的"神秘配方"一样，是让人欲罢不能的秘密。

第五章　游戏化思维

首先游戏产业围绕着人的五大需求层次去设计，即生理、安全、社交、尊重、自我实现。游戏针对的都是人类在现实生活或者是现代生活中被压抑的原始需求。原始人类有两大需求，即生存的需求和基因传递（繁衍）的需求。与生存需求对应的是人的暴力、斗争欲望，与繁衍需求对应的是性的欲望。但在现实人类社会中，这两大驱动人类的欲望会受到压制。游戏以符合现代社会道德和规训的方式为人提供欲望释放的场所，打斗竞技类游戏与人的生存需求对应，花花公子及情色元素游戏对应人的繁衍需求。

游戏让人上瘾的第二个因素是即时反馈。很多事情同样能够给人类带来期待和满足感，比如学习和工作，但之所以学习和工作不会让人上瘾，是因为学习和工作的反馈不是即时的，而游戏的反馈是即时的，每一个动作都会对应着一个相应的结果。人类本身就喜欢做简单、重复的事情，游戏的设计者往往将游戏的难度设计成一个进阶，而且让优势玩家处于舒适区。

游戏中的奖惩机制、虚拟头衔、等级、荣誉是第三个让玩家上瘾的密码。每一款游戏都会依据玩家所进行游戏的时间、能力和成果，给玩家设立相应的奖惩结果，并对结果进行排名。厉害的玩家会获得其他玩家的敬佩，这满足着人类的被尊重和自我实现的心理需求。游戏给玩家提供了一个满足人类尊重、社交和自我实现的虚拟场景。

除此之外，游戏中还会设计不确定性的奖励，准确的、可预测的奖励很快会让游戏玩家倦怠。但如果游戏中设置不确定的奖励，游戏玩家会更容易上瘾。其中心理作用的原理和彩票、抢红包是一样的。

游戏还有诸多功能，比如帮助人类逃避现实、替代真实生活的体验、满足人的好奇心和控制欲，等等。其实不难发现，游戏和赌博的成瘾机制一样都是人为设计的结果。

互联网的钩瘾效应

人们花在互联网上的时间越来越长。63%的人会觉得总有人在跟他们联络，其中35%的人称他们觉得人们会期待他们尽快给予答复。这致使90%以上的人每天24小时与手机保持不超过1米的距离，53%的人在睡觉之前还要查看手机，相当大的一部分人在卫生间翻看手机，25%的女性宁愿放弃性生活也不愿意离开平板电脑，而40%的人为了保住自己的社交媒体账户愿意在监狱待一个晚上。

细思极恐，将互联网和赌博、游戏放在一起比较，我们不难发现，互联网也有着一套类似的让人成瘾的机制设计。

什么是成瘾？就是你会不假思索、自动自发地去做一件事情。这件事情就像人的原始欲望一样，必须得到释放，否则会很痛苦。其实这正是现代人对手机依赖的真实写照，如果手机不在身边，那

么你肯定没有心思做其他任何事情。互联网已经成为我们每个人的"瘾"。

为什么我们越来越离不开手机？为什么我们会对互联网上瘾？人对一个事情上瘾的过程通常需要四个阶段，即"外部触发—行动—变动奖励—投入"。触发就是人通过商家的广告或者朋友的介绍而知道有这么一个东西的存在。"行动"便是在好奇心的驱使下开始初次的使用和尝试。一般来说，"外部触发—行动"并不会让我们上瘾，让人上瘾的关键因素在于第三步，即"变动奖励"。当人们使用某个东西能够收获不确定的奖励时，我们便会有重复使用、重复尝试的动力。心理学研究发现，人们对某一行为总是触发同样的结果会很快厌烦，例如一款游戏如果每次赢一局得到的奖励总是同样的，你对这款游戏便不会再有期待。让人成瘾的第四步是"投入"，以微信为例，当你把大量的人际关系、钱包等在微信这一款软件上完成时，即使有同样的软件呈现，出于对使用习惯、变换的成本等因素的考量也会让你难以抽身离开。

互联网的成瘾机制就在于互联网产品对用户的变动奖励，现代人之所以每天频繁地打开手机，是因为人们期待每一次打开手机看到朋友圈里有永远不会重复的动态、朋友发来的信息、新闻网站更新的新闻、购物网站推出的新款，这些都是每一次触发手机之后收到的"变动奖励"，这种变动奖励既让我们感到焦虑，又让我们期待。

由此，基于互联网产品的"钩瘾效应"，我们可以用一个全新的价值之尺来衡量互联网产品的价值，即互联网创造了多么强大的用户习惯。用户单位时间打开次数越多、使用时间越长，投入的时间、数据、金钱越多的互联网产品，价值便越高。用这个标准来衡量现存的互联网产品，微信的价值是最高的，61％的用户每天打开微信超过10次，中国人均每天使用微信超过40分钟，微信用户已经将自己的社交信息数据、阅读、支付等数据沉淀在微信之上，人们越来越离不开微信。

造成赌场、游戏、互联网背后的成瘾机制的核心因素便是"变动奖励"。互联网时代消费者最为稀缺的是时间，如何把你的产品设计成能够让消费者上瘾，形成自发习惯的高频消费产品，成为商业竞争中取胜的关键，你的产品是一次性消费的止痛药，还是每天都要吃的维生素片？

第六章
一切皆是分享，一切皆是社交

经济转型：从独享经济到分享经济

分享经济时代：人人都是创客

社交创富：如何成为社交富翁？

互联网时代，企业如何导入社交战略？

经济转型：从独享经济到分享经济

"分享经济"是近两年商界、政界的热门词语，在十八届五中全会中分享经济就已被列入施政纲领。互联网大会上，习近平专门谈到分享经济，2017年的全国两会上代表和委员再度热议。李克强总理在政府工作报告中重点提到了分享经济："支持和引导分享经济发展，提高社会资源利用效率，便利人民群众生活。"

中国经济过去30多年的超常规发展是建立在独享经济基础上的繁荣，如今中国已经进入过剩型社会，占有过量资源，但资源的利用效率却不高。分享经济作为以互联网技术为基础的社会资源优化配置方式，既是化解独享经济带来的社会问题的方案，也带来了新的商业蓝海。

独享经济与不可持续发展

独享经济是建立在资源稀缺的基础上，传统经济时代是独享、独占时代，培育出了一批精致的利己主义者，讲究既要为我所有又要为我所用。

中国长期的计划经济体制成为独享经济的土壤，曾长期受困于物质资源匮乏的人们对物质和财富有着强烈的追求和占有欲。以粮票、布票为代表的票证是中国短缺经济时代的印记。生产、消费、资源分配等都由国家先行计划，听从政府的指令，不受市场规律的影响。短缺经济时期没有商业市场，人们的需求和欲望受到压抑。

改革开放打开了市场的阀门，推进了中国经济的发展。计划经济时代受到压制的消费需求，加上超过13亿人口的市场需求，催生一股巨大的商业洪流，市场上的选择越来越多。过去穷怕了，人人都想赚钱，卖方市场转向买方市场，资源慢慢开始过剩，经济发展随之趋缓。

第六章 一切皆是分享，一切皆是社交

市场经济带来消费主义社会，消费市场花样纷呈，在消费行为中不断地更新迭代添置新物，并将其占为己有。在独享经济社会，任何一个小的市场细分领域都能诞生巨大的商业市场，企业的商业逻辑建立在让人们占有更多商品的基础之上，众行业利用人们独享心理进行营销。比如房子，传统经济学告诉消费者：宁可让你的爱巢空置，也不要和别人分享。它应该是你独有的私人领域。再比如衣服，你的就是你的，和别人穿同一款裤子简直 low 爆了……心理暗示使得消费者被"独享"概念洗脑。久而久之，独享理念盛行于世，独享经济大行其道。这其中透露出了独享经济的特征——"不求所用，但求所有"。

目前，资源过剩正成为全球面临的一个新问题，化解过剩资源的分享经济带来了新的蓝海市场，移动互联网崛起带来的社交便利就成为化解资源过剩的方案。

移动互联网时代，分享经济正慢慢渗透我们的生活，从汽车的分享，到私人产权房屋的分享，到技能和剩余时间的分享，再到创意分享，人们正迎来一个"无分享不生活"的时代，智能手机成为入口，社交给分享导流。过去既求所有又求所用的消费观念，变成了不求所有但求所用。丰饶经济时代，独享经济已经行不通，分享经济成为经济发展的新动能。眼下，中国经济正迎来一个拐点，发展方式从独享经济迈向分享经济。

独享经济下人人都想创富，这成为中国过去30多年经济发展的动力。独享经济下中国的传统行业实现了空前的繁荣，但也带来了很多的问题。

首先是无法避免的大城市病。独享经济思维下催生特大型城市，大城市成为社会资源黑洞，人才、资源、资本、就业机会、产业向大城市集中。北京市曾规划，到2020年把人口控制在1 800万，但是截止到2016年北京市人口就已经达到了2 172.9万人，这一幕同样在上海、深圳上演。与此同时，乡镇和农村人才凋敝，年轻人不想回家，寻梦北上广。这导致城乡分化加剧，大城市生龙活虎，小城镇死气沉沉。

人口压力为大城市的交通、住房、基础设施配置带来了很大的难题。据公安部交管局统计，截至2016年底，有6个城市的汽车保有量超300万辆，北京的汽车保有量为548万辆。这个数字并不是静止的，还有很多人在排队摇号。面对惨烈的堵车状况，城里人开始习以为常，处变不惊。有的人有空置的汽车资源，有的人出门打车难。独享资源带来的是更严重的资源失衡。

城市就像一个臃肿的有机体，看似庞大，但是里面虚弱，各种资源没有得到合理优化，导致后劲不足。人们想要占有更多物质的欲望并没有让城市变得更加美好，这种独享思维带来的后果十分可怕。

第六章 一切皆是分享，一切皆是社交

独享经济带来严重的贫富两极分化，促使财富马太效应的产生。"凡有的，还要加给他叫他多余；没有的，连他所有的也要夺过来。"这段出自《新约·马太福音》（第25章）的话被社会学家称为"马太效应"，也就是人们通常说的两极分化，穷者越穷，富者越富。

以北上广深等特大型城市为例，房子是富人的投资品，但是涌入城市就业的人口致使资源向特大城市聚集，就业集中在特大城市，人口的大量涌入进一步促使房价上涨，北上广深外来就业者超过30%以上的收入交给了房东，而房东继续买房。房价一直在涨。有的人有很多套房子，有的人没有房子。这边是都市白领望房兴叹，那边是土豪晒豪宅，夏天住一处，冬天住另一处。贫富差距扩大，两极分化的现象越来越严重。

此外，独享经济造成的资源浪费也引起了环境的恶化。大城市人口超载，汽车超载，而小城市成为空城。大城市人口聚集，加剧道路拥堵、出行不便、环境污染等问题。

在独享经济思维下，人们消费不讲求重复利用和共享利用，有需求则购买，不用则丢弃。人类的生产生活已经严重超过自然环境的承载能力。据统计，"泛太平洋垃圾带"垃圾海域的总面积占全球总海洋面积的40%，相当于陆地面积的25%，全球的生态环境遭到严重的破坏。独享经济模式下，人类生存的环境也面临巨大挑战，如果人类一味地坚持用独享经济的思维发展，必将受到大自然的"报复"。

分享经济成为新财富蓝海市场

"分享经济"成为近几年来两会议论的新热点。如果说独享经济是信息的不对称,那么分享经济正好与之相反。中国进入到资源过剩型社会,独享经济的商业逻辑已经行不通了。随着互联网和科学技术的不断发展,分享经济逐渐渗透到生活的方方面面。最近声势浩大的摩拜单车,成为年轻人出行的新时尚。只需要下载摩拜单车手机App,就可以用自己的手机查看单车位置,继而预约并找到该车。通过扫描车身上的二维码开锁即可开始骑行。到达目的地后,在街边任意画白线区域手动锁车完成归还,操作十分简单。

分享经济成为未来发展的新风口,它的核心是"不求所有,但求所用"。正如现在年轻人所崇尚的"杯水主义",不在乎天长地久,只在乎曾经拥有。

人们的自由时间是一种认知盈余,应该更多地用于内容分享和创造。越来越多的新财富项目采用的是分享经济模式。企业家出售不属于自己的东西,只要解决信任问题,全世界的资源都能为你所用。HomeAway 和 Airbnb 通过颠覆传统业态的经营方式,将业主闲置的房屋发布到在线交易平台上,供租客选择入住。租客与业主直接对接,跳过中介环节,并且为消费者节省了传统酒店的高额附加成本,使资源得到了充分利用,一举多得。

分享,已经成为当下社会的新常态,也在模糊工作和生活的界限。无处不在的分享,也意味着无处不在的商机。分享经济已成为未来新财富的风口。

分享经济时代：人人都是创客

受互联网观念、技术的冲击，传统经济开始谋求结构转型，开放、链接、融合、创新日益成为社会发展的新趋势。分享经济的实施，带动了一大批相关产业升级，"创客"即是其中一例。

实践空间

"创客"一词源自英文"maker"，最早起源于美国，泛指出于个人爱好，通过手工劳作把想法变为现实的创意达人。但受生产成本、加工条件、教育培训等因素制约，凭个人之力往往无法承担规模复杂的现代制造。由此，汇聚创意达人，集硬件加工、软件处理、场地运营、信息交流于一体的"创客空间"应运而生。

以美国的创客空间技术工坊（TechShop）为例，"创客空间"旨在向大众提供日常中，个人不易接触的大型昂贵软硬件生产设备

（数控机床、激光切割、3D打印、建模软件等）和加工场地。参与者凭个人兴趣，利用空余时间，只需缴纳少量费用，即可进入其中获取技能，并利用相关设备将个人创意变为可实现的产品加工生产，在与人分享中体验手工劳动的乐趣和成就感。

业余创新

智能技术、信息爆炸、碎片化时间……互联网时代的到来极大改变了社会原有的发展模式——创新主体开始由传统的专业科研逐渐过渡为以兴趣为驱动的"业余"创新。国外相关研究表明：超过50%的发明成果来自产品用户本人。事实上，很多影响我们生活的重大变革都是由个人兴趣演变而来，如汽车、电话、自行车等事物最初都是特殊大咖的走心之作。相比之下，传统意义上的实验室和专业研究机构大都具有排他性（与外界隔离），人类的创新本能也被部分束缚。

基于开放的软硬件资源，"创客空间"改变了以往人们获取工具信息、知识技能的传统路径。以往只有专业人士才能掌握的生产条件开始向大众普及，创新不再局限于行业内部。设施齐全的"创客空间"可以满足人们能想到的几乎所有加工要求。因为"创客"数量庞大，所以平均到个人身上的费用也相对较少。人们只要有热情有想法，就可以参与到实际的设计生产中来。不仅闲暇时间得到了充分利用，同时教育培训、经济活动和物质生产还合为一体，创新成为一种生活方式乃至社会风尚。

创业孵化

因为志同道合，不同行业的人围绕着"创客空间"汇聚到一起，工程师、艺术家、学生、自由职业者都是其中的常客。边界模糊、多元创新将商业和生活相联通。借助平台的社交属性，"创客"在市场信息、融资渠道、技术开发等方面都获得便利支持。

因为开放分享，参与者无论实际耗费的物质成本，还是获取信息的时间成本都大大降低；众筹、预售等筹资模式也使创业门槛大大降低；通过商业模式梳理和团队搭建，创业变得顺理成章。

利用市场杠杆，创业公司灵活组建、小步快跑、迭代试错，创新变现的可能性大大提高。"创客空间"演变为企业孵化平台，这为多元的产业布局提供了更多可能。面对这一趋势，美国的很多高校在引入跨学科研究中，纷纷设立 DIY 空间；包括微软、谷歌、英特尔、通用等国际巨头也争先加入到"创客社区"的建设中，除资金赞助外，还为其开发相关软件及配套设施。

柔性生产

随着社会物质的极大丰富，无差别的标准化产品已不能满足精细化的市场需求。消费者越来越强调参与感和自我实现，在此情况下，与"创客"相符的小众品牌，定制产品日益受到青睐。

"创客空间"的一大优势还在于柔性生产、按需分配。因为创新多元，当产品供过于求时，可以将生产潜能转向其他领域，而非一刀切式地关停生产线。这不同于传统意义上的批量制造，在无法预知市场规模时，具有很大的灵活性和伸缩性，生产潜能得到最大限度发挥，由此产生的正向生态甚至会对垄断行业的规模制造形成区域优势。

城市有机体

价格便宜，功能强大，操作简便，很多过去需要具备特殊技能才能实现的生产，随着智能技术的普及，开始在"创客空间"被人们轻易掌握，实践社区由此形成。在某种意义上，开放包容的"创客空间"可以理解为一处充满活力的城市有机体，网络社交、物联网等技术的发展使各行业交叉学习，互通有无。面对瞬息万变的世界，"创客"在最大程度上激发着人们的创造力；在高效率、快流动的市场机制下，创意的价值被认可和释放。这在创业孵化、学习研究、人才培养，尤其推动制造业蓬勃发展等方面存在巨大潜能。

社会进步往往起源于技术创新。时下中国经济正经历由代加工向自主设计、自主品牌的转变。"大众创业，万众创新"，可以预见，作为一种新晋力量，"创客"将为中国经济的产业革新提供强大动能。

社交创富：如何成为社交富翁？

互联网时代，分享是王道，社交是主题。社交是人的天性，社交更是财富的沃土，能够连接一切商业。人们喜欢社交，不仅因为天性，还因为社交有利于缓解心理压力、润滑人际关系、提升个人价值和社会地位。社交的财富创造力不亚于金融、能源等暴利行业。如何用社交创造财富？如何储存社交货币，成为社交富翁？

社交是互联网时代的财富沃土

社交无疑是财富的沃土，更是互联网的本质。全球最大社交网络脸书创造了超3300亿美元的市值神话，中国最大社交App微信估值高达836亿美元，几乎是腾讯市值的一半，新浪微博更是创造近百亿美元的市值，推特的市值也超130亿美元。除去这些社交市场的巨头，还有不计其数的社交市场独角兽企业存在，诸如陌生人社

交、婚恋社交、职业社交，毫无疑问，社交为人们带来了巨大的财富红利。

今时今日，我们从线下社交逐渐拓宽到线上＋线下社交，移动互联网的连接为我们的社交生活带来了更多可能。哪里有需求，哪里就有市场。为此，因社交而起的财富商机不胜枚举。雨后春笋般的社交媒体平台、社交圈中的红火生意、社交众筹、社群经济，甚至网红经济等皆源起于社交。

当然，社交财富不止于此，还有很多已挖掘的在此就不赘述，未来还有更多的新商机待挖掘和涌现。说不定你就是下一个扎克伯格，凭借社交商机而平步青云的时代风云人物。

储存社交货币，成为社交富翁

没有社交货币，你是无法在移动互联网时代混的。

社交货币是移动互联网时代的虚拟财富符号，你的每一次转发和点赞都会让你的社交银行存款增加。如果你又能提供原创的内容，说明你的印钞机开动了。而你的社交货币和真实货币的比值完全取决于你的社交地位：是处于金字塔顶端还是底部。

社交大咖的江湖地位是这样的：你通过他获知各种新产品信息、秘闻、笑料、新颖观点；他是某个方面的行家、新事物的推销员、新关系的建立者；他仿佛就像你了解外部世界和陌生领域的一根电话线，总能带给你新的"情报"。

在社交媒体时代，如果你有很多钱，那么你只是个"土豪"，而如果你有很多的"社交货币"，你才是一个真正的"富翁"。前者是有钱，而后者是值钱。

可以达成对传播者个人 IP 的传播和塑造，以获得传播对象的认同感、联系感的信息都可换算为社交货币。货币是一种"以我所有，换我所需"的信用凭证，货币的价值在流通；和货币一样，"社交货币"的价值也在于流通。

美国宾夕法尼亚大学沃顿商学院市场营销教授乔纳·博格和凯瑟琳·米克曼专门对社交媒体的内容分享进行研究，他们发现了人们在社交网络上分享信息的动机："我们与其他人谈话的时候，不仅仅是想传达某种交流信息，而是想传播与自己相关的某些信息。"也就是说，人们分享思想、观点和经验并不是无意识和无目的的，人们的分享行为是为了收获传播对象对自己的认知，完成对自己的"标签化"，塑造他人眼中的自己。

以微信朋友圈为例，人们在社交网络上分享最多的信息大致是这样几类：新颖的观点、参与的活动、搞笑资讯、情感状态，而目的则是在接受者中形成我是一个有思想的、生活丰富的、风趣的、单身狗的印象，而相应地收获别人的欣赏、羡慕、喜欢、追求。而这些传播出去可以使别人完成对"我"画像的社交信息，也就是对人们"社交货币"的充值。而人们分享可以凸显自我独特性的信息以完成自我标签化的需求，是当今社交媒体和社交网络存在的基础。

由此看来，我们每个人都是一个社交货币发行银行，我们发行社交货币的目的是影响他人对"我"的看法、印象，即形成个人品牌。直观来看，我们使用社交货币是为了买到别人的关注、评论、点赞……这是在个体层面；而在企业层面，自社交媒体兴起，越来越多的企业认知到社交媒体的营销价值，开始自媒体建设，摒弃原有的购买第三方媒介进行营销传播的老套路，使用社交网络发行社交货币，进行企业品牌的"自传播"。

由此来看，个体和企业在微信、微博、直播、脸书等自媒体平台的每一次发送和分享都是一次社交货币的流通。一国货币的流通频率越高、流通范围越广，说明该国的经济越活跃，增长潜力越大。评估社交货币有三个维度：其一是社交货币传播的范围，即企业和个人推送的包含企业和个人品牌的信息被多少人打开阅读。其二是社交货币收获的认同，即企业和个人传播的资讯、观点被多少人分享、点赞。评价社交货币的这两个标准指数越高，说明社交货币越有价值。其三是社交货币的匹配程度，即所分享的内容接受到的目标读者越多，越有价值。比如，某妇儿医院发布的关于如何育婴的文章被越多的准新生儿父母和备孕父母读到，其价值就越大。

以微信为例，到目前为止微信的活跃用户超过 8 亿，微信传播已经成为政府、媒体、企业、个人新媒体传播的重中之重。微信之父张小龙在微信公开课上表示，微信公众号的阅读量绝大多数来自朋友圈，即"20％的用户到订阅号去挑选内容，80％的用户在朋友圈阅读这些内容。"由此可见，企业和个人所发行的微信公众平台社交货币的分享次数决定了传播的好坏和成败。

那么，如何打造人们乐于分享、收获认同的高价值社交货币？

我们已经理解人们在社交网络发布、分享信息的目的是"塑造别人心目中的自己",那么易于流通的社交货币一定是那些能够帮助人们完成这一目的的内容,企业和个人发布的内容只有对用户有价值,人们才会乐于分享;企业和个人购买的是用户的朋友圈媒介,而社交货币是用户对帮助传播的报酬。概括来说,五种货币容易在社交网络上引起流通(分享传播):

第一种是可以让用户装逼的,即用户分享之后可以满足攀比心理、炫耀心理,暗示自己生活层次、生活品位的内容。假装在纽约的微信定位功能、晒方向盘、晒与名人在高层次场合的合影,恰恰是反映了人们的"虚荣需求"。因此,那些能够满足人们虚荣心理的社交货币更容易在朋友圈获得转发和分享。《你真的懂英式下午茶吗?》《如何把方便面吃出法式大餐的感觉?》能够火遍社交网络概因为此。

第二种是可以"替"用户说话的内容。每个人都有表达自己看法的需求,但碍于写作能力或者时间没法自己表达,那么那些能够戳中某一类人痛点和代表某一类人表达心声的社交货币便能够引起传播。例如,我们在公司老板的朋友圈经常会看到这样的一些内容《公司不需要二传手》《要么干,要么滚,千万别混》《请照顾好你的老板,他也不容易!》,诸如此类的可以代表某类人表达不便言明的心声的文章便能成为朋友圈的高价值社交货币。

第三种是思想深刻、创意新颖的内容。这些内容包含新奇的事物、观点，能够开拓人的眼界和思维，了解人们不知道的领域。2016年年初VR惹火，类似于《VR真的很火，一分钟让你看懂什么才是VR》的文章便能够火遍互联网。

第四种是与自身密切相关的技能、知识、经验。《月薪3000与月薪30000的文案区别！》《什么是顶尖的互联网产品经理？》便属于这一类型的典型。

第五类是重大的时事新闻和社会热点。如傅园慧的洪荒之力、朴槿惠下台等话题，便能成为高品质的社交货币，但是这类社交货币有很强的时效性，而且发行能力掌握在有内容采写和制作能力的专业媒体手中。但因这类时事新闻具有现象级的新闻传播力，也成为各大专业媒体、社交媒体、个人自媒体争相使用的优质的社交货币素材。

洞察到人们在社交媒体上活动的目的——塑造他人眼中的自己，便给我们的品牌传播工作留下了巨大的想象空间。社交媒体时代，每个个体和企业都是一个发行社交货币的银行，和现实生活中的货币一样，社交货币越能满足用户参与社交网络的目的，社交货币的流通范围越广、频率越高，我们的品牌便越具有影响力。

赶紧到你的社交银行去存款吧！否则你会在社交时代老无所依、贫病交加的。

社交媒体时代，如何提高夫妻幸福指数？

人对社交媒体的依赖还能影响夫妻的幸福指数。

"把手机贴在我的额头上吧，这样至少我还能自作多情地以为你是在看着我。"这句曾经在微博上流传的一句笑话现在成为现实。

美国曾进行过一项哈里斯民意调查，将近15％的受访者表示，他们宁愿放弃啪啪啪，也不要一个周末不使用iPhone。英国曾经做过一个针对2 000人的调查，发现50％的人每晚上床后，至少有一个半小时用来上网，从而推迟了睡觉和啪啪啪的时间，夫妻间交流沟通减少，感情也因此遭到破坏。在当前婚姻问题咨询的案例中，因为玩手机引发婚姻危机占到了所有婚姻问题的四成，而且70％的婚外情都与网络有关。手机已经成为眼下影响夫妻感情的"第三者"，并且趋势在不断增强。社交媒体时代，将手机等电子设备带进卧室带来的危害越来越大。

所以在社交媒体时代，为了提高夫妻幸福指数，卧室里，风能进，雨能进，手机最好别进。

互联网时代，企业如何导入社交战略？

一位网站设计师曾说过自己的一个经历：一家企业想搭上互联网的顺风车，让自己的公司转型成为互联网公司，找到他给帮忙设计一个网站，然后这家企业觉得自己有了网站就是互联网公司了。这位网站设计师表示很无语。这不禁让人想起一些企业，看到O2O是趋势后，去开通网店，然后就觉得自己在发展O2O；看到别人都在通过社交平台吸引客户，增加销量，于是就开通微博、微信公众号，觉得自己是在进行线上社交、粉丝运营。

其实这些企业不知道，它们只是万里长征才迈出了第一步。拥抱互联网，"茴"字的四种写法一定要都知道，如果只知道一种，还想要很好地将其描绘好，劝你还是早点洗洗睡吧，别浪费精力了。

交易失败 or 社交失败

做企业的人都知道，成本是企业经营中重要一环，成本意识不高，企业经营必定会陷入困境。在企业经营中，控制交易成本很重要，交易成本控制不好，企业的经营成本就会高，而经营成本高，会影响到企业的运作生存。

经济学中就交易成本有一个说法：企业与潜在客户之间若存在一定距离而见面不易，就会产生交易成本，而交易成本一旦产生，市场交易的范围就会非常有限。这个时候，如果想扩大范围，就不得不增加交易成本。在市场交易中，企业如果不能很好地呈现商品的真实信息，也会产生交易成本。而交易成本一旦产生，企业就要采取各种办法来尽可能多地呈现商品的真实信息，这时交易成本就会增加。如果出售的商品信息很难被用户搜索到，企业要想加大被搜索到的概率，会产生交易成本。如果交易方式是通过企业和用户之间讨价还价来建立，也会产生交易成本。

上面的这段经济学理论读起来可能会觉得枯燥，但是正因为有交易成本的存在，才催生了企业的一系列社交行为，而企业开展社交行为的成败直接决定着市场交易的成败。企业在交易中社交开展得好，市场交易就比较成功；企业在交易中社交开展得不好，市场交易就比较失败。

总体来讲，企业在交易中进行社交不外乎出于两个目的：增加购买欲望和降低成本。前者是通过进行一系列社交活动增加消费者的购买意愿而无须增加等量成本，后者是降低企业交易成本而不降低消费者的购买意愿。移动互联网时代，及时反馈、及时沟通在企业经营活动中变得尤为重要，社交变成一种企业发展战略而日益受到重视。鉴于上面经济学中关于交易成本的相关理论，曾有人就企业开展社交战略要考虑的问题做过总结：扩大交易范围、增加信息呈现、加大搜索几率、及时沟通交流。即企业开展社交战略是想要扩大市场还是想让更多的人了解企业产品信息，是想要增加自己被搜索到的概率还是想及时与用户进行低成本的沟通。

明白了"茴"字的这四种写法，企业才会知道应该如何运用各种社交平台，才会知道如何更有目的性地开展社交战略，也才会知道自己的社交战略应该如何开展才有意义。而知道了这些，也才会明白，设计个网站就是进行互联网转型，开通个网店就是发展O2O，有个微博、公众微信号就是开展社交战略，这样的理解是多么的肤浅。

"纸上来得终觉浅",为了将理论的小船升华为实践的巨轮,下面来举几个例子:

美国运通:老牌企业如何运用社交应对新企业挑战?

美国运通公司的历史可以追溯到 1850 年,由运输起家,后来发展发行邮政汇票和旅行支票业务,再后来又推出自己的信用卡,与银行展开了竞争。运通公司的客户群体只针对企业客户和比较富裕的美国人,虽然这样不会拥有大批客户,但是由于这些客户优质,支出费用高,运通信用卡的交易金额在美国所有信用卡发行商中经常高居榜首。

运通的商业模式主要是向客户发行自己的信用卡,处理客户和商家之间的结算,而其主要竞争对手维萨卡和万事达卡则只处理银行间的结算,不负责发卡管理和商业管理,是银行和其他金融机构

第六章 一切皆是分享，一切皆是社交

的一个媒介。这两种模式的优劣势在于，前者可以牢牢掌握商家和持卡人数据，但是经营成本高，后者经营成本低，但是看不到商家和持卡人的交易情况。这种商业模式曾一度为运通公司带来了巨大的盈利。

随着市场的发展，谷歌等一些企业建立了自己的支付系统，还一度开发了自己的电子钱包，这是对运通公司业务的直接挑战，运通公司该如何应对？

首先是与客户建立紧密联系。运通通过推特开展客户维护服务，为客户解决一些他们遇到的问题以及投诉。然后又在脸书上进行各种专业产品的促销以及各种活动的组织宣传，这样让更多的人了解了运通的产品，并且在线上有了一个销售的渠道。推特和脸书两个社交平台将运通和客户紧紧联系了起来。

与客户建立了联系并不能带来商业利益，而如果要想产生商业利益，只有让客户与客户之间建立联系。有鉴于此，运通在自己网站上开辟了一个旅行服务社区，供会员在里面分享各自的生活旅行经验，还可以就此进行评论。很快，该社区就吸引了不少会员的加入，极大地促进了会员之间的交流。随着社区加入者的增多，运通又在社区中针对中小企业主推出了一个专区，供中小企业主探讨自己的经商经验以及遇到的问题。很快，这个专区又得到了不少中小企业主的青睐，这里不仅成为他们分享经验的地方，也成为他们解

决问题的地方。线上社区让会员之间有了交流,并且在会员相互之间的影响下,运通实现了商业利益的转化。

这些社交战略,让运通的客户购买欲望增强,运通的企业竞争力也有所加强。

耐克:将社交融入客户世界

当年耐克靠着一款"华夫饼"橡胶鞋底鞋打开了市场后,其业务不断扩大,到现在,耐克不仅是美国公开销售衣服、鞋类、运动装及生产装备的公司,而且还是美国十大广告商之一。在扩大自己影响力及促进产品营销方面,耐克很早就具有前瞻性地选择了社交战略,在社交战略的开展上,耐克可谓独具风格。

2006年世界杯举行期间,出于满足一部分体育爱好者对体育节目痴迷的想法,耐克与谷歌的"朋友"平台合作,创建了一个网站,主要为一些痴迷于足球的青少年提供服务,用户可以在线观看明星

的特色表演，同时还可以在下面留言互动。该网站迅速取得了巨大成功，随着世界杯的结束，该网站也随之停摆。但是这件事极大地影响了耐克公司的社交战略，这让耐克公司觉得：企业开展社交战略不是把客户领进自己的世界，而是企业要主动融入客户的世界。

有了对社交战略的这一理解，耐克开始了一个彼此紧密相连的运动生态圈的建设。开发 Nike＋移动端 App 软件，用户可以把相关活动数据上传到该软件中，然后通过互联网，用户又可以把软件中的运动数据传送到 NikePlus.com 的耐克专属线上社交平台上。传输数据的过程中会在用户的脸书或推特上发布一条状态，点击这些状态后的链接，就可以跳转到 NikePlus 平台界面。在这里，用户可以看见更多好友的运动成果数据（当然，界面上必定少不了关于耐克设备的一些广告）。

为了更好地黏住客户，耐克还开发了一系列具有社交功能的产品，如 Nike＋训练鞋和 Nike＋篮球鞋。前者可以帮用户制定每天的

锻炼计划，用户可以在Nike＋软件中时时检测从鞋子中收集来的运动数据，来监督自己锻炼计划的执行情况。后者可以帮助用户设定健身目标，目标达到过程同上。与Nike＋训练鞋不同的是，用户在达到健身目标后，可以收到Nike＋篮球鞋明星和教练预先录制好的相关祝贺信息。除此之外，用户还可以拍摄自己运动时的相关精彩瞬间进行上传，分享给好友。

你中有我，我中有你，这种融入用户生活的社交战略的开展，让耐克在与用户进行互动营销的路上越走越远，不仅增加了消费者的购买意愿，而且还让耐克的品牌影响力深深地影响到了消费者的日常生活。

企业要想开展社交战略，首先要明白，自己通过社交战略想解决什么问题，提高购买欲望还是降低企业成本？有了这个目标后，在运用好各种社交软件的基础上，企业还应该明白如何和潜在消费者沟通。只有知道了这些，社交战略的开展才会有作用，与消费者的友谊之船才会越驶越远。

社交众筹

以前开一家咖啡店、餐馆，创始人必须东借西凑，甚至贷款。但是现在依靠众筹就可以轻易开店，众筹让很多传统经济时代不敢想象的事情成为了可能。众筹由发起人、跟投人、平台构成，你有

第六章 一切皆是分享，一切皆是社交

了一个点子，就可以去众筹平台上发起项目，向网友寻求支持。它的特点是门槛低、多样性，依靠大众力量和注重创意。而社交和众筹的融合，不但增加了众筹的成功率，还让新型的商业形态遍地开花。

互联网产品的核心是社交，社交的背后则是情感的依托；社交众筹就是借助人际关系情感的力量，将商业和生活进行融合。《大圣归来》通过朋友圈获得了780万元的资金，使得这部国产动画得以面世，最终成为中国动漫电影里程碑式的代表，社交众筹功不可没。

一切皆可众筹，有人用众筹来推销产品、为企业融资，还用众筹概念研发某项产品、进行人才招聘，众筹远比我们想象的更为灵活。一般来说，众筹分为四类：捐赠众筹、回报众筹、债券众筹、股权众筹。目前在国内外实际运用中，回报众筹、股权众筹运用较多。综合国内外众筹项目的发展，回报众筹一般被用来当作一种新的产品销售方式，股权众筹一般被用来为初创企业进行融资。

小米手机非常善于运用众筹思维。传统商业形态是先生产产品，等产品生产出来了根据市场反馈再做改进，或者先花大量时间和资金投入做产品改进，等到没问题了再向市场推广，这样带来的问题是产品前期研发投入成本大，耗时长，研发出来的产品不一定符合市场需求。小米在产品还未成型时，就邀请极客用户参与手机开发，用户有什么需求就满足什么需求，回报其精神上的参与满足感。这

样不仅减少了产品研发投入，而且还大大缩短了研发时间，更重要的，由于与用户及时的反馈，生产出来的产品一般比较符合市场需求。手机生产出来给予小米粉丝一定的购买优惠，这是一种典型的回报式众筹。

用社交众筹的思维先行筹集资金，让消费者参与汽车的市场调研、产品设计，让消费者参与到一款新车的诞生过程中，对于消费者而言这绝对是很酷的一件事情，而参与众筹的消费者的口碑传播也顺势解决了营销中的传播问题。一个由互联网催生的社交商业跨界时代已然来临，众筹正成为下一个商业变革的风口。

第七章
互联网下半场,企业转型六脉神剑

战略神圣化

品牌故事化

产品神秘化

营销组织化

传播社会化

企业家IP化

战略神圣化

除了粉丝即用户、内容即品牌、媒介即渠道、一切皆是分享、一切皆是社交、游戏化思维这六大铁律以外，企业还需要六脉神剑，即企业目的神圣化、品牌故事化、产品神秘化、营销组织化、传播社会化、企业家IP化，在短期内快速打造独角兽公司。

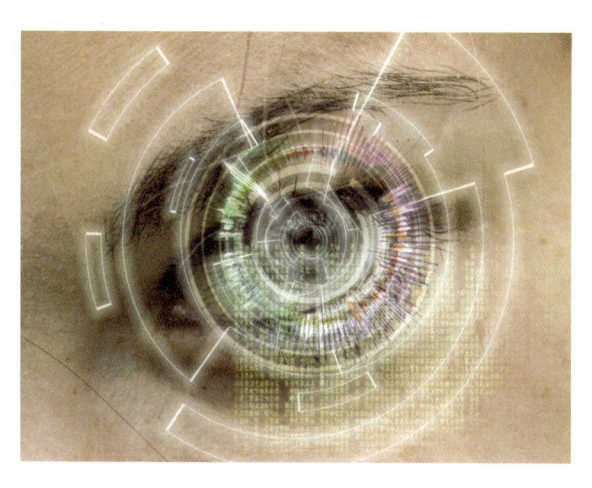

众所周知，企业存在的目的是为了营利，所有企业都把营利作为自身发展的首要目的。但资本市场看一个企业是否有发展，给企业估值多少，看的不仅仅是现在，还有未来。也就是说，资本市场喜欢有想象力的公司，而不是仅仅一手倒一手卖的公司。所以一家公司想立足长远，就不能只强调短期利益，需要给公司加一个光环，让公司存在的目的高大上起来。好的企业明白要卖梦想，卖未来，也就是做愿景营销。

据统计，世界上大多数呈指数级发展的公司都有一个远大的目标。谷歌的目标是管理全世界的信息。奇点大学成立的目的是为10亿人带来积极的影响。有人说你这是吹牛，其实不是，这么做是有深意的。它使得企业不仅仅关注自己的竞争对手和当下的现状，每当十字路口出现的时候，它就会问自己，是否符合公司的远大目标，符合就干，不符合就不干。

一个雄心勃勃的管理口号不仅能帮助企业定位方向，还能够吸引志同道合的人才一起加入。随着企业的不断壮大，管理者会遇到这样的问题：如何让员工在精神层面认可自己的工作。一个好的企业目标会形成一种信仰力量，为企业带来整齐划一的行动力和贯彻力，让员工相信自己的工作是有价值的、有上升空间的。这样一个有最高信仰的企业，容易吸引更多有才华的人加入，为企业带来源源不断的正能量。

第七章　互联网下半场，企业转型六脉神剑

中国最擅长愿景营销的人

这个称号非马云莫属，他非常擅长描绘宏伟壮丽的愿景。按照我们现在话来说，卖方案不如卖梦想，世界上没有完美无缺的方案，任何一个方案都可以找到替代的解决方法，但是梦想不一样。而且马云是典型的卖什么不吆喝什么，这就是营销的套路。卖牛奶的人不会说牛奶，而是说"愿每个人身心健康"；卖挖掘机的不会说挖掘机，而是说"品质改变世界"。同理，阿里巴巴电商其实就是卖平台广告位的，但是马云却把它包装成了"让天下没有难做的生意"。马云很擅长抓住对方的兴奋点，当年在一无所有的情况下，还能让十八罗汉死心塌地地跟着他创业。1995年，马云推广黄页的时候，身无分文，却能让张纪中的老婆、时任央视《东方时空》编导的樊馨蔓免费给他拍摄纪录片《书生马云》。樊馨蔓表示，虽然不理解马云口中说的互联网，但是被他的热情打动，决定帮他。足见马云强大的感染力。

特朗普在候任总统的阶段，日理万机，没有一点空闲，居然还抽出了时间跟马云双峰会。马云是怎么套住美国总统的呢？还是愿景营销。特朗普上台承诺减税，十年内创造2 500万个新工作岗位，并推动美国经济每年增长4%，牛是吹出去了，得有人帮着完成。压力之下的福特汽车取消在墨西哥建厂，也只给美国多创造了700个

就业机会。孙正义承诺在美国投资 500 亿美元，才创造 5 万个就业机会。马云的阿里巴巴刚刚在 2016 年的 12 月底，被美国的贸易办公室列为恶名市场。但是马云搞定特朗普只用了一句话，"预计 5 年内，给美国带来 100 万个就业机会。"阿里号称给中国创造了 3 000 万个就业机会，中国 13 亿人口，一家企业就给整个国家贡献了 2% 就业率；那美国 3 亿人口，能解决 600 万就业，就算打两折，还有 120 万，这么算下来 100 万还真是个靠谱的数字。估计特朗普见马云的时候心里肯定在嘀咕：幸好这个人没跟我一起竞争大选，太能忽悠了。所以网友发明了一个词叫"一马平川"，意思是马云把川普给平了。

企业如何找到自己的光环？

"一马平川"的故事给了我们很多启发。首先，企业目标的设定不能从自己出发，夸自己的产品好是没有用的，消费者听过太多这样的话。一定要从消费者出发，我们的企业能为消费者带来怎样的改变，比如生活、工作、健康、情感、梦想，等等。小企业做事，大企业做人。很多企业在做大以后，首先想到的是回馈社会，通过产品或者切实的慈善行为为需要帮助的人做些什么。马云的高明之处在于，他从来不说自己做阿里巴巴是为了自己发财，而是为了让所有人都跟着发财；电灯泡刚刚问世的时候，爱迪生给公司设立的使命是"让天下亮起来"；迪士尼的使命是让人们快乐。企业目的神圣化也是为了提醒创业者，在暴富之后少一些无谓的炫耀，多一些感恩奉献的精神。总的来说，企业目的有两种：一种是为消费者带来物质上的享受或者体验，为人们提供更便捷的生活；另一种是带来精神上的愉悦，比如快乐、安全感、求知欲，等等。当然，随着"千禧一代"逐渐成为消费主力，物质生活已经趋于饱和的情况下，企业往往使用后者。

其次,企业的目的要简洁、有力、充满想象。什么样的企业是好企业?一句话能说清楚的企业。企业要为自己找准定位。互联网企业尤其擅长给自己增加光环,这在全球甚至成为一种趋势:谷歌、TED、奇点大学、阿里巴巴……它们从自身优势出发,用简单的一句话为网民描绘出一张雄伟壮阔的蓝图,大到改变世界,小到改变行业。企业目的一定要简短有力,读起来激情澎湃,这样才更容易被股民和消费者记住。

一个好的企业目的是企业价值的核心,也是对消费者的吸引力所在,如果你想打造一家能活过一百年的企业,那么先从企业目的开始吧。

品牌故事化

不管一件东西多么平凡无奇,只要你能提供一个关于它的好故事并使之流传开来,它的身价就能飙升。任何消费商品都能变成奢侈品,如顶级牛奶、顶级火柴以及顶级牙膏等。营销的作用就是化平凡为神奇!

——"潮流观察"网站的创始人雷尼尔·艾佛斯

品牌营销在我们的生活中无处不在,不论在什么地方、什么时间,都不难发现,我们处于一个品牌大爆发的时代,那么互联网时代,如何使一个品牌持续发展下去,成为了企业家关注的焦点。传统企业固有的发展模式已经逐渐不能适应互联网的发展,资金、技术、管理模式等对于企业来说都不是品牌长远发展的持续竞争力,唯有打造品牌,通过品牌的深入人心来增强客户的忠诚度,才是品牌持久不变的竞争优势。如果说品牌是把产品输送给消费者,那么品牌故事则是这一过程的传送纽带。

故事创造价值

故事能为产品增加附加值，使之身价飙升，其根本原因，是因为在商品交换过程中，故事是有价格的，它使用企业的脑力劳动，花费必要劳动时间，成为满足人们情感需求的无形商品。

管理学上有一个著名的"雷尼尔效应"：美国西雅图的华盛顿大学准备在美丽的校园里修建一座体量庞大的体育馆。消息传出，立刻引起了教授们的反对。校方于是顺从了教授们的意愿，取消了这项计划。教授们为什么会反对呢？而校方为什么又会如此尊重教授们的意见呢？

原来在华盛顿大学招聘教授时，总要给优秀的教授讲一个"西雅图美景"的故事：西雅图位于太平洋沿岸，华盛顿湖等大大小小的水域星罗棋布，天气晴朗时可以看到美洲最高的雪山之一——雷尼尔山峰，开车出去还可以到达一息尚存的火山——海伦火山……而正因为这个故事，华盛顿大学的教授们心甘情愿地接受比美国教授平均工资水平低20%左右的待遇，而不到其他大学去寻找更高报酬的教职。换句话说，华盛顿大学教授的工资，80%是以货币形式支付的，20%是以美丽的故事带来的愉悦心情补偿的。

但是校方选定体育馆的位置恰好在校园的华盛顿湖畔，体育馆一旦建成，便会挡住从教职工餐厅窗户可以欣赏到的美丽湖光，这也就意味着教授的工资将要降低20%，那么教授们就会有充分的理由流向其他大学。

"雷尼尔效应"用可感知的数字说明：故事就是财富。在商品交换过程中，故事是有价格的。故事是无形的产品，而产品是故事的有形载体。一个拥有故事的产品能够让消费者愿意出高价购买，恰恰是因为消费者出高价购买的不只是产品，更重要的是能打动他的故事，通过产品和故事的结合获得情感的满足。

故事引爆传播

有的企业会存在一个问题：我不是大品牌，企业发展规模也不是很大，没有悠久的历史，也没有大批的忠诚客户，那么还有必要讲故事吗？答案是有必要。

对于一个品牌来说，一个能够打动消费者的故事是尤为重要的，好的品牌故事不仅可以让产品脱颖而出，给人留下印象，还可以省去一大笔广告费用。褚橙的故事就是一个典型的例子，以褚时健的传奇人生为线索，加上十年磨一剑的毅力，很多人首先就被这个故事打动了，成为褚橙的忠诚客户。

"衡量一个人成功的标志，不是看他登到顶峰的高度，而是看他跌到谷底后的反弹力。"褚橙上市后，王石在微博上引用一段巴顿将

军的话对褚时健和褚橙表示由衷的致敬。一大批知名人士纷纷发微博为褚橙捧场。于是，这个故事不再是褚橙自己的故事了，在故事传播的过程中，褚橙被附着了一层光晕——励志、上进。

互联网上热销的褚橙深受人们喜爱。但其更高的价值在于褚时健被赋予了励志、坎坷、不屈不挠和艰苦创业的精神内涵而成名。借助互联网，褚橙故事不胫而走，因此，褚橙被冠以"互联网之橙"的命名，很明显这是一个用互联网思维进行营销的水果。借助褚时健峰回路转、不同寻常的人生经历，将成功创业者的励志故事注入橙子当中，为其品牌塑造了一个易于识别、意义深刻的品牌符号，将品牌在市场中不断扩大，成为人们所熟知的"励志橙"。被赋予故事内涵的橙子不仅能够畅销，更能带来不断上升的溢价空间。平时所见的脐橙价格一般在4～7元，而褚橙以高出普通橙子2～3倍的价格进行销售仍旧能够得到众多消费者的喜爱和购买，获得不错的市场销售业绩，很大程度上，这也是通过褚时健个人的励志故事带来的惊奇效果。

品牌故事能够活化品牌，赋予品牌生机，传奇、生动、有趣的品牌故事常常能够让品牌自己说话，使品牌深入人心，从而实现企业传播品牌的内涵、文化、价值，成功获得消费者青睐。一个完整的品牌故事可以给消费者带来强烈的情感冲击，启发消费者以独特的视角解读故事，产生强烈的共鸣，对于品牌的理解自然有出乎意料的效果。故事最好是能把人们对于某些价值观的感受表现出来，重新提醒人们的记忆。

如何寻找品牌故事？

首先，故事不论长短，但要有吸引力，可以使消费者对产品产生好奇心，激发消费者购买欲望。美国著名科幻小说家弗里蒂克·布朗曾写过一篇堪为世界上最短的科幻小说。翻译成汉语，仅仅25个字："地球上最后一个人独自坐在房间里，这时，忽然响起了敲门声……"短短的一句话，所体现的问题与想象却是无限的，导致了不同的人产生不同的想法。那么，企业的故事从何而来？灵感来源于生活，故事也来源于生活，简单、形象、生动以及有意识的刻画和引导，会具有相当大的感染力和渗透力。再借助渠道传播的宣传，扩大影响范围，可以形成良好的营销宣传效果。同时，企业在宣传自己的时候，不能过于含蓄，有利于树立企业形象的事情要学会以故事的方式分享给所有人。如果没有故事，就要创造故事。当然，这不是编造故事欺骗消费者，只是在不损害别人利益的情况下，用一个合理的故事增强消费者的想象空间，通过故事向消费者表现产品的特质。

互联网时代，产品只是品牌发展的一部分，还需要一个动听的故事，品牌故事不仅能带给听故事的人共鸣、感动，而且也是企业基业长青、永葆活力、深入人心的驱动力。

产品神秘化

很多企业家都有这样一个问题，明明自己生产的产品质量是最好的，但为什么就是销量不高呢？其实，除去产品本身的包装、品质、品牌效应等因素外，你的产品还缺少一点神秘色彩，这种神秘感就是产品的光环所在。什么样的女人最吸引男人？神秘的、琢磨不透的女人一定排在第一位。人们对越不能接近的东西越是抱有一种好奇心和虔诚心态。古代平民面见皇帝的时候，要在很远的地方跪见，不经过允许不能随意抬头。这在某种程度上保持了皇帝"君权天授"的神秘感。

如果你呈献给消费者的是一份"坦诚"的产品，那么你卖的就仅仅是它的功能特点；但是如果你为产品注入一丝神秘感，给消费者想象的空间，那么就会为产品带来无穷的魅力，有时候消费者喜欢的并不是产品本身，而是它能给消费者带来什么样的联想。

这个神秘光环到底有多重要，我们看看飞跃鞋的案例就明白了。飞跃鞋是国内的老品牌，诞生于 1959 年，轻巧舒适，还十分耐用。在它最辉煌的年代，曾经是中小学生运动会必备鞋品。但是因为经营不善，2009 年宣布停产。然而飞跃鞋却在海外声名鹊起，在国内卖 26 元一双的鞋在国外竟然卖到了每双 50 欧元（约合 500 元人民币）的"天价"，还被各种时尚达人穿出去摆拍。同样一双鞋，为什么待遇差距那么大？这要感谢一个名叫派特斯·巴斯顿的法国人。他在上海学习少林武术的时候发现这双鞋非常舒服，于是就把它带到欧洲去卖。他给飞跃鞋写了一个品牌故事：它曾经是少林武僧练功时穿的"功夫鞋"。对中国功夫充满憧憬的外国人听了后一下子趋之若鹜。巴斯顿又为它加入了一些时尚元素，让它兼具潮流气质，飞跃鞋从此热销欧洲。在很多国人看来，飞跃鞋只是一双普通的球鞋，可替代产品太多了，而且质量和价格上也都不分伯仲，在日新月异的市场环境下，飞跃鞋的产品魅力不再让消费者提起兴趣。但

第七章 互联网下半场，企业转型六脉神剑

是在海外飞跃鞋靠一个品牌故事成功胜出，为一双普通的球鞋加上了一丝东方神秘主义的色彩，老外趋之若鹜。

可见，神秘这个卖点的确能够吸引人，它能够给产品罩上一层光环，紧紧地抓住人们的好奇心。那么，产品神秘化应该从哪些方面入手呢？它包括名称神秘化、配方神秘化、品牌故事神秘化、营销神秘化。

很多产品在策划名称的时候会犯一个错误，就是把品类名当成产品名字，放在包装上做宣传，最直接的影响是让消费者对产品的期待度降低。马迭尔雪糕是哈尔滨最受欢迎的雪糕之一，已经有一百多年的历史。去哈尔滨没吃过马迭尔，就跟到北京没去天安门一样有遗珠之憾。这款雪糕一根最贵卖到 10 元，原料十分简单，包括砂糖、牛奶、鸡蛋和水，不含膨化剂，采用传统手工制作方式。马迭尔的味道"入口即化，甜而不腻"。现在，马迭尔雪糕已经成功跻身于高端雪糕行列，并且走出哈尔滨，在很多一二线城市成功扎根。马迭尔雪糕的成功，名字功不可没。马迭尔三个字读起来有一种异域风情之感，很容易把它和小资情调联想起来。试想一下，如果它取了一个直白、常见的名字，你还会花那么多钱买它吗？

配方的神秘化逐渐成为产品销售里一个屡试不爽的套路，尤其是快消品、酒、餐饮企业。一个高度保密的配方容易让人觉得它是独一无二的，自然也就和品质好画上了等号。世界上有三大秘密是

为世人所不知的：英国女王的财富、巴西球星罗纳尔多的体重和可口可乐的秘方。可口可乐秘方里面的 X 元素到底是什么，到现在还是一个未解之谜。从 20 世纪 20 年代开始，可口可乐的保密配方就一直被紧锁在亚特兰大的某家银行之中，86 年后，可口可乐公司决定将它作为卖点宣传，于是把配方挪到可口可乐公司在亚特兰大的博物馆里一个 3 米高的保险柜里，游客可以进入参观。这个保险柜是紧锁着的，必须由公司的 3 个配方持有者同时按下掌纹，再把钥匙插进孔（这 3 个人都签署了"永不泄密协议"），旋转舵盘，才能打开它。可口可乐这么做既吸引了消费者的好奇心，同时也是为了向市场展示，只有我家的可乐是最正宗的、最原汁原味的，其他的都是仿制品。

神秘的品牌故事也能为产品增魅。外星人遗迹麦田圈、尼斯湖水怪等令人瞠目结舌而又欲罢不能的故事，让这些地点成为热门景区。正因为没有人知道真相，所以吸引了更多的人前来朝圣，苦苦

第七章 互联网下半场，企业转型六脉神剑

寻找答案，当地居民靠着这些传奇故事，赚了个盆满钵满。在国内，因神话故事而出名的旅游景点比比皆是：八仙过海的发生地山东蓬莱、白蛇和许仙的故事发生地西湖……山不仅仅是山，水不仅仅是水，才能给人带来与众不同的愉悦感。

饥饿营销是最常见的营销神秘化，有句话说，"得到的有恃无恐，得不到的永远在骚动。"越是买不到的，越是好的。奢侈品爱玩限量版的套路，全球只有几十款，它不仅代表着一种身份认同，还代表着无法复制性，吊足了美女的胃口。《麦田里的守望者》对当世产生了很大的影响，这本书出版后，还掀起了一波模仿风，很多学生喜欢模仿主人公霍尔顿，在大冬天穿着风衣，倒戴着红色猎人帽。高晓松因为酷爱这本书，所以把自己的公司取名为麦田音乐。但是它的作者杰罗姆·大卫·塞林格堪称 20 世纪最神秘的小说家。凭借《麦田里的守望者》一举成名后，塞林格竟然选择远离媒体视线，到乡下过起了隐居生活。狗仔和记者连他生活的细节都偷拍不到，因为他的窗帘总是拉得严严的。他还吩咐自己的经纪人不要把"粉丝"们发来的信件转给他。他拒绝媒体和粉丝对他的解读，但是越是这样，人们越是疯狂地喜欢他和他的作品。直到去世，他的一切都是一个谜，这无疑中也增添了这本书的魅力。

产品神秘化是给产品增魅的一个重要方法，正所谓距离产生美，尝试着让你的产品与消费者之间产生一种适度的距离感，说不定会出现惊喜。

营销组织化

很多企业在销售过程中采取自然销售的形式,把货铺到货架上,卖多少是多少。其实创新的销售组织形式可以为同样的商品带来成倍的出货率,帮助企业快速铺货。尤其在互联网时代,企业的营销组织化将迎来更多可能。

第七章 互联网下半场,企业转型六脉神剑

营销组织化到底有多厉害?读一读中共党史你就知道了。国民党败给共产党的一大原因就是组织的失败:国民党始终未能建立一个具有严密渗透性和强大内聚力的政党组织体系。王奇生在《党员、党权与党争》中介绍:"国民党无论战时抗日,还是战后'剿共',在战地最先瓦解的往往是党部,其次是政府,最后才是军队。收复某一个地方,最先到达的首先是军队,其次是政府,最后才是党部。共产党则相反,党的力量往往成为军政的先锋,攻占某一地区,最先打入的首先是党组织,然后军政力量跟进。从某一地区撤退时,即使军政力量退出后,党的组织仍然留下来继续战斗。国民党的组织和影响未能深入社会底层和辐射到社会生活的各个方面。"在三湾改编时,毛主席提出"把支部建在连上""党指挥枪"的原则,确立了党对军队的领导,为党组织在基层的渗透奠定了基础。党部像毛细血管一样渗透,从上到下,基本上看不到任何死角,党的思想得以在基层广泛传播。

为什么温州人不愁借不到钱?温州地区人口众多,但是十分贫瘠,温州人向来有抱团打天下的传统。截至2015年,全国有268个异地温州商会,覆盖了80%地市级以上城市,形成了一个影响力惊人的温商网络。通过温州商会这一平台,温州人可以频繁地聚在一起交流商业信息和项目,互通消息,互相取经。甚至在一些温州商家和商铺之间,商品可以互通有无,资金可以互补短缺。正是基于

这一紧密的组织联系，温州人得以敏锐地抓住商机，并且有实力拿下潜力项目，温商成为中国民营经济体中一股强大的力量。

任何社会的成功都是组织的成功，企业的发展不能仅仅靠销售人员的三寸不烂之舌和天价广告费，还要建立一个庞大的销售组织。销售的成功，有一半要归功于组织的成功。

传统分销模式

传统企业的分销模式包括四种：代理制渠道模式、经销制渠道模式、直营式渠道模式和直销式渠道模式。联想之所以能够成为电脑行业的佼佼者，这与它所建立的多渠道分销模式是分不开的。联想采用经销制、直销、直营专卖店、电子分销等多种销售渠道模式，建立了一个庞大的销售网络，满足不同群体的需求，使产品能够更广泛、更快捷地出现在消费者的生活圈中。格力空调之所以能在竞争激烈的空调市场上一路高歌猛进，董明珠独创的"股份制区域性销售公司模式"功不可没。股份制区域性销售公司模式是指格力在每个省选定几家大的经销商，共同出资参股组建销售公司，与经销商成为"利益共同体"，格力负责输出品牌和管理，占有少许股份，与其他经销商一起开拓市场，为消费者提供统一的服务。

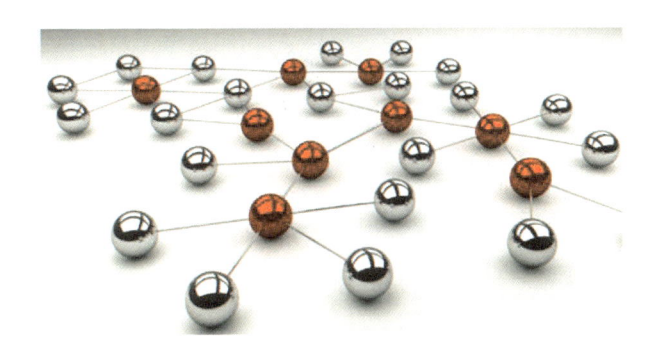

第七章 互联网下半场，企业转型六脉神剑

新兴销售组织形式

互联网开发出了每个人的潜能，带来了"人人都是创客""人人都是自媒体"的改变。它的影响远不止这些，未来还会出现"人人都是销售"。过去在产品销售上，企业采取的大多是攻地战，谁占领的终端渠道多，谁就能更频繁地出现在消费者面前，也就能够卖出更多的商品。在互联网的上半场，很多人靠开电商、卖微商产品分得了第一批互联网红利，拉开了打造电商品牌、微商品牌的新时代序幕。随着与个人生活的进一步融合，互联网带来的是"人人都是销售"。也就是说，未来销售不再仅仅是自然销售，而是建立庞大的分销体系，把每个人都开发出来，变成销售者。

一些网红借助自身敏锐的时尚感，开淘宝店卖衣服赚得盆满钵满。2016年双十一淘宝女装成交量top10中，网红店占了8席。网红淘宝店之所以吸金能力如此之强，不仅仅是因为网红自带粉丝流量，在店铺的营业模式上也和常规的淘宝店铺相区分：传统淘宝店的经营模式是先从厂家那里选款，然后在店铺里上新，通过折扣等营销行为拉来流量。网红模式是先出样衣，自己穿上拍美美的照片晒到微信或微博上，吸引粉丝评论反馈，然后挑选受欢迎的款式打版，最后投产上新。这种模式下，竞争力突出：首先，没有库存压力，所有款式都是经过市场检验的人气款；其次，推广成本低，不依赖折扣活动，网红将微博、微信等社交平台打通，通过自有流量为电商引流。

二级众筹也成为近年来新兴起的销售组织模式。以二级股份众筹为例，首先，项目发起人以众筹的方式募集核心股东，共同组成董事会和公司的运营机构，同时为二级股权众筹市场预留部分股份份额。然后，核心股东再次以众筹的形式募集分公司的股东，在全国各省市组建分公司。肆拾玖坊就是通过二级众筹的形式，以股权作为激励，让更多的人迅速加入到肆拾玖坊白酒的销售大军中，做到股东即销售的裂变式组织形式。不但快速募集到资金，而且实现利益共享，产品快速铺货到全国，实现销售裂变。

营销组织化的发展远不会止于现在，随着社交平台的加入，未来营销会更加注重个人的作用。比如，在企业内部打破员工职位壁垒，人人都有做销售的权限，比如，把销售和股份联系起来，做到员工即股东，极大地激励员工的销售热情；把销售和社交结合起来，买家即销售，与消费者实现利益共享；把销售和社区结合起来，粉丝即销售，为卖家带来取之不尽的流量。最终，互联网将会解放每个人的潜力，做到人人都是销售。企业如果想在互联网浪潮中分得一杯羹，就要将营销组织化，通过对组织的设计，达到销售额最大化。

传播社会化

从金字塔型社会到体育场型社会

　　自人类社会诞生以来,随着组织形式的变迁,信息传播的形式也一直在变化。现代社会,大众媒体,尤其是自媒体的出现,使信息的传播逻辑发生颠覆——过去自上而下的金字塔型社会,变为现今人人参与的、体育场式的围观型社会。

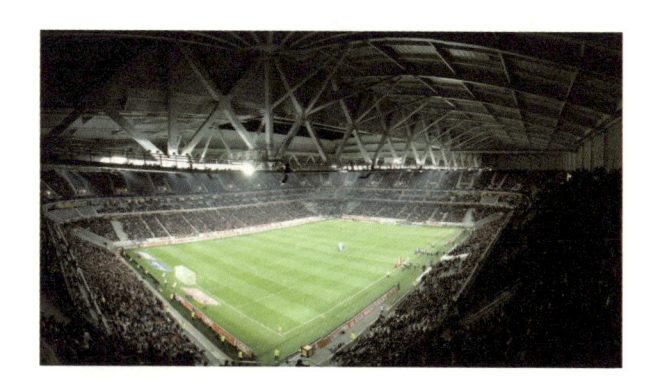

第七章 互联网下半场,企业转型六脉神剑

概括来说,传统媒体包括电视、广播、报纸、杂志;互联网 PC 时期,主要是门户、论坛、搜索引擎、WIKI、社交媒介、电商……进入移动互联网时代,伴随智能手机发展起来的,则是以娱乐、社交等内容为主的各类 App。

互联网打破了地域、时空的隔阂,一般意义上的信息不对称开始消弭。无处不在的网络将人们联系在一起。无论走路、吃饭,还是睡觉、聊天,刷手机成为人们日常离不开的一种生活方式。人与人之间的联系变得前所未有地紧密。人人发声,人人参与。很多情况下,通过"意见领袖"的助推,社交网络可以在瞬间爆发出山呼海啸般的力量。有人测算,只要 5~6 个微博大 V 就一个话题进行互动转发,就能在网络上形成热点,继而引发全民"狂欢"。

无社交不新闻,无社交不价值

2016 年的美国大选,一路跌跌撞撞的特朗普最终战胜本来"众望所归"的希拉里。要知道,美国大选历来以"烧钱"著称。而最后的统计数字显示,相比希拉里在竞选期间所花的 12 亿美元,特朗普仅仅用了不到 3 亿美元,这其中社交媒介就发挥了重要作用。其实早在 2008 年奥巴马当选美国总统之时,社交媒体的威力就已经显露端倪。

过去的一次性信息传播正在变为由受众加工后的多级传播、接

力传播。无社交不新闻，无社交不价值。从认知，到观念，再到行为激发，一切都是合作开放，一切都是链接互动。在企业的品牌营销领域，人们更看重基于用户洞察的流量转化。如何精准覆盖，把"被浪费的一半广告费"也找补回来，成为人们关注的焦点。自古深情留不住，从来套路得人心。数据分析、人群划分、场景设计、植入刺激元激活用户等命题走上品牌营销的舞台。

当然，这也并非完全否认传统媒体和PC端互联网的价值。萝卜青菜各有所爱，很多情况下，多媒介、多触点、全渠道、全要素的循环论证，永远最稳妥。在此情况下，将传统媒体、PC端的互联网，和移动端的互联网进行资源整合，充分调动一切可以利用的资源，进行全媒体整合传播，才能实现真正的社会传播。

如何应对互联网时代的传播危机？

移动互联网时代，每个人都是自媒体，消费者第一次掌握了小众传播这种"核武器"。"以偏概全""一概而论"被标签化成为常态，企业往往被动地卷入各种危机，一着不慎，满盘皆输。

世界顶级豪车劳斯莱斯一贯养尊处优，据称当年美国歌手"猫王"想买一辆黑色的劳斯莱斯，却被告知黑色劳斯莱斯只卖给皇室成员和国家元首，劳斯莱斯一时成为高逼格的象征。

但一来到我泱泱中华，劳斯莱斯却被互联网玩坏了。一段中国

第七章 互联网下半场，企业转型六脉神剑

劳斯莱斯姐的视频在网络上红极一时，劳斯莱斯车主刘女士是我大东北一位"有貂的女人"。她在接受英国 BBC 电视节目采访时表示：要是在哈尔滨，她能安排封路，以供节目组拍摄和采访。此话一出，便引来网友纷纷投稿。"厉害了 Word 姐！连交通管制封路都能随随便便脱口而出，可见背景多强大！"劳斯莱斯遇上刘女士这样的土豪，品牌的人格也似乎随之改变。难怪网友们惊呼：你确定"劳斯莱斯姐"真的不是宾利派来的卧底吗？

虽然企业的初衷是很正面又积极向上的，但是在传播过程中，一旦被扣了帽子，就很难摘下来。就像宝马在全球定位是精英人士享受驾驶的乐趣，但到中国来，《天下无贼》中一句"开好车的就是好人么"却让品牌沦陷。热心的网友给汽车品牌贴上了各种标签：小三开 mini；暴发户开宝马；"大小是个官，都开四个圈"……

在互联网时代之前，大众了解产品主要通过电视、广播、报纸、杂志等，受众接受的信息都是完美和端正的，这些硬广与品牌规划的形象完全吻合。而随着互联网的不断发展，人人都可以在网络上发表见解。鲁迅说："其实地上本没有路，走的人多了，也便成了路。"口碑也是如此，说的人多了，也便成了现实，于是出现了品牌异化。品牌异化是企业建设中经常会出现的问题，在产品"人格化"的过程中，它背离了品牌的初衷，有些甚至影响到品牌形象。

当年小米手机曾风靡一时，但一句"少壮不努力，老大用小米"却让小米品牌很受伤。iPhone凭借良好的用户体验，在全世界的销量一直处于标杆地位，但在中国却被年轻人称为"肾机"。

人无完人，每个品牌也都不是完美的，但要善于利用自己的不完美。品牌异化并不可怕，它是每个企业都存在的隐患，可怕的是自身遮遮掩掩，反而会造成负面影响。通过娱乐化的形式，建立一个真实的、有血有肉有"缺陷"的人格化产品，才是网络传播的正确打开方式。充分利用"不完美"，也是一种完美。

一般的综艺节目中，在插播赞助商的硬广时，都会引起观众的反感。尤其是"本节目由××赞助播出，××是……"类似语句的开场白，宣传效果就打了折扣。生硬的套话，会把广告变得形式化。而热播的说话达人秀《奇葩说》却让广告变成了乐趣，观众心甘情愿接受，并获得了一致好评。广告植入无孔不入，但恰到好处。比如其中一段对话：

嘉宾："吃了一整份肯德基全家桶，有负罪感。"

第七章　互联网下半场，企业转型六脉神剑

主持人："我们好不容易找到一个赞助商，你给弄跑了，你有罪。"

嘉宾："全家桶超级好吃，有罪也要吃。"

主持人："我们冠名赞助商叫RIO，如果它跑了，你也有罪。"

嘉宾："今天回去我就喝。"

很明显是在给赞助商肯德基和RIO做广告，但却博得大家一笑，观众很买账，纷纷表示：这样的广告请多来点。

"这是最好的时代，也是最坏的时代。"在网络世界里，产品有了多种多样的表现形式，产品被赋予新的含义，甚至颠覆传统。品牌要在变化中把握机会，适应娱乐化的营销方式。把产品与文化、个性联系起来，塑造立体的多元化的人格品牌，从不同的层面重新定义产品。现代营销学大师菲利普·科特勒说过："一个成功的人格化的品牌形象就是其最好的公关，能够促使顾客与消费者的关系更加密切，使消费者对品牌以及其内在文化的感情逐渐加深。最终，品牌在消费者心中的形象，已经不仅仅是一个产品，而渐渐演变成了一个形象丰满的人，甚至拥有自己的形象、个性、气质、文化内涵。"

企业家 IP 化

品牌 IP 中有一块很大的资产，就是企业家 IP。企业家如果修炼成网红，就跟特朗普逆袭当选总统一样，小成本换大成效。在信息碎片化、产品引爆门槛更高的时代，企业家从幕后走到台前，已经成为大趋势。企业家网红有自己的人格魅力、创业故事和号召力，比起花几千万请一个大明星来做代言人，企业家网红有着不输之的粉丝调动能力。如果这个 IP 打造好了，就是公司免费的广告、公关招牌和流量入口。

世界上本没有网红，网民一捧上头条就成了网红。每个人都可以成为网红，每个企业家都自带网红基因。那么，企业家 IP 化应该从哪些方面入手呢？

掷地有声的观点

不同于娱乐网红的是，企业家网红本身具有丰厚的知识储备和创业经验。企业家升级为企业家网红的最简单方法，就是提出一个掷地有声的观点。这个观点要鲜明、个性化，不与流行观点为伍。福耀玻璃创始人曹德旺坚定地说："我不做房地产，我不为钱，我捐了八九十亿给中国，我赚的钱也是捐掉。为什么拿我跟李嘉诚比呢？我是实业家，对那些为了钱的人不屑一顾。"在金融、房地产与虚拟经济如狼似虎的当下，曹德旺与资本划清界限的做法真可谓是一股清流，耿直的实业家形象迅速走红网络。

天生网红脸

网红脸不一定要多帅，如果长得有特色，让人过目不忘，那也是一种优势，比如马云的颜值就非常有辨识度。马云为此还亲自表过态："大家都说我长得丑，我觉得我只是长得比较独特罢了。"

如果颜值上实在没有什么特色，也可以在表情包上下点功夫，特朗普就深得这方面精髓。在他的总统任期里，世界网民表情包库异彩纷呈。

老板娘是话题王

刘强东与"奶茶妹妹"一波三折的恋情故事抢夺了大众眼球。夫妻两个一起做网红，为京东赢得大量的免费媒体曝光量。王石和田朴珺的爱情故事自曝光以来争议不断。30岁的年龄差和亿万富翁爱上三线女星的剧情，引来了媒体的各种解读和大量曝光。田朴珺身价暴涨，万科和长江商学院都跟着沾了光，成了热搜词。连时尚杂志都开始跟拍王石，原因是自从和田朴珺牵手后，王石开始走型男路线，上演"老来俏"。老板娘是话题王，大家都沾光。

有钱任性

董明珠是中国女性企业家中的头号网红，绝对是想到什么就做什么的行动派。她说："有人说智能手机是红海，但我偏要进去。"如此庞大的跨界产业布局，她说做就做，魄力十足，而且还很认真地为手机做代言；2013年，她与雷军定下豪赌，看五年之后小米的营业额能否超过格力集团，十亿元的筹码说押就押；被罢免格力集团总裁后，董明珠给所有员工加薪一千元，立马成为当天头条。每个员工年终发部手机，又让卖手机的感觉时运不济。雷厉风行的魄力，敢想敢做的风格，如此"有钱任性"，董明珠你学不会。

万能的鸡汤，不败的情怀

企业家都有一个共同的基因，那就是实干精神，在艰难的创业过程中也不乏一些励志故事，为社会输送源源不断的正能量。俞敏洪从小学习差劲，连续两次因为英语成绩不及格而高考落榜，但是他硬是凭着一股牛劲儿考上了北京大学。因为肺结核在大学期间休学一年，毕业后阴差阳错没能赶上留学美国潮流，后来又因为在校外做兼职老师而被学校开除。尽管一直跟"倒霉"二字搭边，但是俞敏洪凭借自己的努力,一步一个脚印打造了知名教育品牌新东方。在创业初期,一无所有的情况下,俞敏洪独自骑自行车,拎着糨糊桶,在电线杆子上贴广告。他的励志故事被拍成电影《中国合伙人》,获得了广泛好评,也鼓舞了很多年轻人。可见,企业家的创业故事是一个不错的 IP 挖掘点。

BAT 三大佬李彦宏、马云、马化腾,谁的个人品牌更成功?

李彦宏、马云和马化腾是中国互联网的三大赢家,他们分别掌控着中国互联网的三大巨头公司:百度、阿里巴巴、腾讯。BAT 已成为中国新经济的代名词。企业家的个人品牌是企业的表征和名片,BAT 发展壮大过程中,三位创始人的个人品牌也如影随形。个人品牌受一系列可被公众感知的信息集合影响:外在形象、内在修养和社会公共行为都会影响公众对企业家个人品牌的评判。那么,李彦宏、马云、马化腾这三位大佬谁的个人品牌更成功呢？

"高颜值"的李彦宏和"风口下"的百度

李彦宏颜值爆表，名校毕业；不仅事业有成，而且据下属透露，他仍然生活很朴素，工作很敬业，很少在外应酬，下班就回家，堪称"中国好男人"。在中国互联网企业里面，李彦宏堪称是技术控，在人工智能方面做得很用心。

虽然颜值高、作风好，但百度过于注重绩效的企业价值观却影响了李彦宏的个人品牌。魏则西事件把百度推到舆论道德的风口浪尖，"百度卖贴吧事件"让社会对百度再生质疑。谷歌在2015年8月宣布改名重组，以梳理多年来强势扩张带来的庞杂业务，虽头绪繁多，但就搜索排名机制来说，谷歌始终坚持自己独有的Pagerank科学算法排名；除了惩罚作弊者，谷歌从不人工干预任何搜索结果。不屏蔽任何负面信息，完整的信息呈现正是谷歌的价值所在。谷歌不允许把广告插入到搜索结果中。而百度采用竞价排名，价高者得，因此获得了更高的经济利益。魏则西就是这样"被度娘坑死"的。李彦宏在应对魏则西事件时表现出来的漫不经心，使百度品牌收获的是一地鸡毛。

"真网红"马云和"假货横行"的淘宝

马云的品牌在三人中名声最大，他凭借上达天庭、下启屌丝的口才，堪称中国第一网红，在中国社会各阶层妇孺皆知。马云语录在网上层出不穷，说段子讲故事信手拈来；他还能操着极流利的英语，与国际知名政要侃侃而谈，是中国国际化程度最高的企业家。颜值虽不能为马云加分，智慧却可为马云加分。马云在打造个人形象方面不遗余力，多年不断创新各种名言警句，他的创业史已经成为国人励志的典范。出众的演讲才能令公众对马云好感度倍增，也为阿里巴巴企业的品牌形象增色不少。但淘宝的假货问题不仅对阿里的企业品牌而言是一个 bug，让马云的个人品牌也大打折扣。"假货集中营"的恶誉更是让阿里巴巴的品牌受损。在 2017 年两会上，马云提出"打假、造假、用假入刑"，希望借助法律力量合力打假，挽回淘宝的品牌声誉。

低调的马化腾和"山寨"的腾讯

马化腾不仅是一位商人，也是一名出色的工程师。有一次马化腾要做一个图标，要求点一下就可以回到页面顶端，也就是现在网页上右下角的返回顶部的那个小按钮。员工回复说技术上不可能，马化腾只回了四个字外加一个标点符号"你说什么?"虽然严厉，但是这并不妨碍腾讯员工对于马化腾的热爱。马化腾热心于公益事业，成立了中国首家由互联网企业发起设立的公益慈善基金会，并捐出一亿股腾讯股票用于慈善，为个人品牌和腾讯品牌形象增色不少。

但是在很多资深网民的眼中,腾讯这个品牌被冠上了"山寨"的称号。回首腾讯的发展史：QQ 山寨 ICQ, QQ 游戏厅山寨联众, CF 山寨 CS, QQ 飞车山寨跑跑卡停车, QQ 炫舞山寨劲舞团, QQ 空间山寨 51 空间。近年来腾讯试图摆脱"山寨"之名,开始对优秀的企业进行收购和各种投资,将艺龙网、金山软件、滴滴打车、大众点评,以及外国的一些科技公司收入囊中……腾讯的最大创新是微信这款世界上最大的 App,微信的出色表视让腾讯一枝独秀,腾讯市值多次赶超阿里。

李彦宏、马云、马化腾三人的个人品牌形象各有所长,马化腾暂时一马当先……但这三位中国新经济的代表却鲜见对社会公共事务发声；较比尔·盖茨、扎克伯格这些国际企业大咖丰富多维的公众品牌形象,中国的李彦宏、马云、马化腾这三人在个人品牌形象塑造方面仍须做出更大的努力。

第八章
互联网的未来简史

二次元经济和高维度思维

什么是AR、VR、MR？

智慧城市会消灭雾霾吗？

未来企业的发展方向

未来的汽车是什么样？

未来的搜索引擎竟是一部"时空穿梭机"

未来小编不仅编文还能编人：人类将不止一个爸一个妈！

人类的下半场会被人工智能奴役吗？

二次元经济和高维度思维

作为互联网时代的新人类，如果你还不知道什么是二次元就真的 out 了。二次元是与三次元相对的一个平面世界。二次元与虚拟经济大潮袭来，你准备好 get 新技能了吗？

二次元人的游戏人生

二次元人从小看着各种动漫作品长大，他们有自己独特的价值观和生活方式，由二次元还衍生出二点五次元，介于二次元和三次元之间的一类。辨别一个人是否是二次元人，从他的头像就可以看出来，如果头像是卡通动漫形象，则他是二次元人的可能性就很大。二次元人之间沟通是没有任何障碍的，但在外人看来却像是在说外星语。

二次元是现在中国娱乐市场最大的 IP，二次元电影、二次元春晚都已经是常规活动了，就连阿里、腾讯两大互联网公司都在布局它们的二次元产业。腾讯投资了 B 站，阿里就收购 A 站。而这种投资是在为未来布局，二次元人是一群消费不计成本的群体。

二次元人会购买很多二次元周边产品，现实生活中他们也喜欢把自己打扮得稀奇古怪，想做好二次元经济就要理解他们的言行。虽然马云投资了 A 站，但在 2016 年的亚布力论坛上，主持人问他是否知道什么是二次元时，马云竟然回答不懂。

日本的二次元产业

二次元起源于日本，日本早在 1974 年就创造出一个二次元卡通形象叫 Hello Kitty。如今，Hello Kitty 不仅成为能与芭比娃娃相抗衡的一个卡通形象，而且是世界上知名度最高的一个动漫品牌。微软曾出价 56 亿美元购买其形象使用权，但被日本拒绝了，可见该形象的生命力和变现能力有多强。由 Hello Kitty 衍生出的动漫、游戏等创造了巨大的市场价值。

说起二次元变现，游戏是最主要的一个变现渠道。中国很多互联网大佬都是从游戏起家的，例如网易的丁磊、史玉柱以及曾经的首富陈天桥。小的时候我看过一本周立波的漫画书《山乡巨变》，书中钩心斗角和阶级斗争的故事看得人心潮澎湃。其实小孩子眼中的世界是平面的，直到他们长大了才有立体和众生的概念。所以国外美术主要教的就是培养孩子对艺术的兴趣，至于构图和故事是长大以后的事。对孩子来说，玩游戏比学习要有意思得多，即使长大了，他们也希望继续游戏人生，所以就有了游戏经济。

除了游戏以外，动漫电影产业也是二次元变现的一个途径。日本动漫大师宫崎骏曾经创造了动画电影史上一次又一次的奇迹。他的作品每一部都值得动画人学习。20世纪80年代的时候，宫崎骏曾经来到中国上海的美术电影制片厂朝圣，他满怀期望地拜访了《小蝌蚪找妈妈》的作者，却失望而归，因为他认为中国缺少二次元经济的推手。

就像美国的《功夫熊猫》一样，当年尼克松访华时，为了中美友谊能发展得更好，当时的国家领导人送给尼克松夫妇一对大熊猫。然而美国人把熊猫带回国以后，却没有简单地把它当成中美文化交流的使者，而是把它变成了一个动漫形象的 IP，也就是现在我们看到的《功夫熊猫》，如今这部系列电影已经在全世界获得了高票房。

说起中国的动漫IP，不得不提孙悟空。《大圣归来》《孙悟空三打白骨精》都是根据《西游记》改编的电影作品，不仅收到了不错的票房成绩，而且极大地激发了整个民族的文化向心力。

如何对竞争对手实现降维打击？

小说《三体》中有一个工具：二向箔。通过二向箔可以对竞争对手进行降维打击。只要把二向箔扔出来，就会把对方由三维变成二维，这叫降维打击。互联网经济对传统经济的打击，就是一种降维打击，互联网经济是利用互联网给自己升维，给传统经济降维，最终打败对方。

何为升维？升维就是把自己提高一个维度，例如传统企业在产品、品牌、服务三个维度竞争，互联网企业则把自己提到四维，加入社交元素以后就变成了社交经济，轻而易举干掉传统企业。例如，滴滴打车、快的打车和Uber对传统的出租车行业构成的威胁来源于其社交功能，Airbnb对传统酒店行业的挑战源自其为年轻人提供了一个社交的平台。互联网和社交让传统行业洗牌，一个新的业态形成。诺基亚和摩托罗拉曾经是不可一世的IT科技巨头，诺基亚谢幕的时候其总裁满腹委屈，说："我们并没有做错什么，但不知为什么，我们输了。"是的，诺基亚没做错什么，因为诺基亚在做手机，而苹果却在做玩具，一个能满足所有生活场景需求的玩具，诺基亚输就输在了这里。同样，一直想走国际化路线的李宁之所以无法与耐克抗衡，是因为耐克在卖"运动"，而李宁在卖运动鞋。

企业所处的"维度"早已决定了企业的命运。多维时代，永远不要与别人站在同一维度纠缠。在此消彼长的竞争中，永远无法取得实质性的胜利。所以，互联网时代，企业永远不要和竞争对手站在同一个维度竞争，而是要站在比竞争对手更高的维度，不断进行商业模式革新和产品迭代。

什么是 AR、VR、MR？

VR（虚拟现实）技术几乎在一夜之间爆红，各大互联网科技公司纷纷布局 VR 产业，害怕摔下时代的高速列车。如果到今天你还不知道什么是 AR、VR、MR，那么你就要被人小看了。

VR——造一个只属于自己的世界

VR 是"虚拟现实"（Virtual Reality）的简称，是利用电脑模拟产生一个三维世界的虚拟空间，提供使用者关于视觉、听觉、触觉等感官的模拟，让使用者如同身临其境一般，可以即时没有限制地观察这个虚拟空间内的物体。

是不是听不懂？没关系！简单来说，就是戴上 VR 设备（例如现在的 VR 头显），你就能去到你想去的任何地方，做任何事。当然并不是真的去到了那个地方，而是你所见到的一切都是那个虚拟世界

的，仿佛自己就真的存在于那个虚拟世界。

VR 到底有多"恐怖"？

VR 技术的优势在于能够带给使用者非常真实的体验，但正因为如此，它成为一项非常"恐怖"的技术。有一名国外的玩家戴着 VR 头显在自家的厕所里看"羞羞"的小电影，估计是用先进技术看片的体验太过真实，这名玩家嗨晕在了厕所。直到他的室友发现倒在厕所的他，并送往医院抢救，这名玩家才醒了过来。

当然，在我们共建和谐、文明社会的防火墙内不太可能出现类似国外玩家的这种悲剧，但却可能酿成另一个悲剧——它将杀死所有男同胞的钱包。前段时间，淘宝宣布将要推出"Buy+"VR 的全新购物方式。借助 VR 技术，"剁手党"和"败家娘们"可以让自己瞬间"置身"于全球的各大商场之中，再也不用受时间和空间的限制。更为关键的是，在使用者所看到的虚拟世界里，所有商场的产品都可以随意试穿、使用。平时，那些"剁手党"们可能会由于不确定商品是否适合自己而放弃购买商品。但在借助 VR 技术生成的交互式购物环境中，这些看得见摸不到的商品居然可以试穿了。这种技术发展起来后，男同胞可能就要遭殃了，因为女同胞随时随地都可以购物。未来的橱窗会变成二次元扁平式，橱窗里放漂亮的照片和二维码，只要扫一扫戴上头盔就能看到自己喜欢的产品的实际应用。

AR——我要你出现在身边

与 VR 技术类似的还有一项 AR 技术。AR 即"增强现实"（Augmented Reality），它通过电脑技术，将虚拟的信息应用到真实世界，真实的环境和虚拟的物体实时地叠加到了同一个画面或空间同时存在。简单来说，就是在看到真实世界的同时还能看到电脑虚拟的物体。这也是 AR 与 VR 的一个重要区别，VR 看到的是虚拟世界，而 AR 能看到真实世界的虚拟物体。并且 AR 对设备的要求没有 VR 的要求高，或许在未来可以不借助设备看到虚拟的物体。

目前 AR 技术有一个重要的发展方向便是旅游。一些景区便是利用 AR 技术生成一些虚拟的已经消失的动物（例如恐龙）在景区移动来吸引人们参观，这种移动主要是通过设备移动来实现的。其实，AR 技术更加发达之后，在运用上可以更接地气一点，虚拟生成一个"女友"来陪广大单身狗朋友们度过每一个寂寞寒冷的夜晚。不过这个虚拟生成的"女友"不会和你互动，只能按照设计好的方式进行互动。估计不知道的人看了会吓一跳，因为一个不会和你互动，只能看得到却摸不到但在移动的人影，实在很容易产生恐怖片的氛围。

MR——虚实结合，万物相生

分清了 AR 和 VR，就更容易理解什么是 MR 了。MR（Mixed Reality）即"混合现实"，同时包括了 VR 和 AR，将真实世界和虚拟混合起来，产生新的集合实体和虚拟的可视化环境，这个环境是实时并且可以互动的。AR 生成的虚拟"女友"可能会很容易被人看出来是虚拟的，但 MR 生成出来的"女友"却不容易看出来是虚拟的。因为"她"不仅从形象上更为真实，而且"她"还可以和你实时互动，谈天说地、做游戏都有没任何问题。

所谓虚实结合，MR 就是这样的一项技术。就目前的研究趋势来看，MR 技术最先可能在游戏行业进行应用，尤其是射击游戏。现在我们玩射击游戏只能在电脑上玩，为追求真实也最多进行真人 CS。但有了 MR 技术，一个人就可以在家玩射击游戏。戴上 MR 设备，将虚拟的战场叠加到家里的真实环境中，桌子虚拟成战壕，冰箱虚拟成掩体，整个真实的家就变成了一个虚拟的战场，你的敌人就是虚拟出来的游走在过道中的 NPC（非玩家控制角色）。在游戏过程中，当你靠着"掩体"时可以产生非常真实的触感，虽然你只是靠着家里的冰箱。MR 技术带给玩家的是近乎于真实的体验，所以玩家也会非常容易沉浸在其中。未来，MR 技术成熟之后，游戏行业必将发生颠覆。当然，这种颠覆也绝不仅仅限于游戏行业。

VR、AR、MR、二次元经济所带来的虚拟经济将会对未来产业链产生巨大的颠覆。该来的总会来。别等到像诺基亚一样被时代所抛弃时，才来哀叹"我们并没有做错什么，但不知为什么，我们输了"。

智慧城市会消灭雾霾吗？

在全球经济飞速发展，劳动力和资本流动性增强的作用下，城市化发展进程越来越快。但在城市化运动中，人口拥挤、工业污染、资源短缺、交通拥堵等"城市病"层出不穷，这些社会管理和社会服务等各方面的相对滞后，成为影响城市未来发展的重要阻碍。为了解决这些城市问题，实现社会经济的可持续发展，人们开始改变思考方向、放大思考格局，创新地提出有别于传统发展方式的新模式。1992年，新加坡首次提出"智慧岛"城市建设计划；2008年，在金融危机爆发的背景下，IBM提出"智慧地球"概念；经过2009年的进一步发酵，2010年世界各国纷纷提出"智慧城市"的概念，掀起了智慧城市的建设狂潮。

拿什么拯救你，我的城市？

2016年，世界卫生组织发布的全球空气质量地图数据显示：世界上92%的人口生活在PM2.5超标的地区，中国成了空气污染重灾区，PM2.5严重超标。

刚步入21世纪时，诺贝尔经济学奖得主斯蒂格利茨曾经预言：影响人类本世纪的两件大事，一是中国的城市化，二是以美国为引领的新技术革命。

人们在城市化发展进程中，逐渐意识到未来城市智慧化发展的重要性，在城市化探索过程中追求最优发展方案。智慧城市是城市发展的一种新思维，也是城市发展的新形式。智慧城市能够与人紧密结合，对经济增长方式、社会管理模式以及人的行为等有一定的积极作用，促使城市化进程的加快，对城市未来的发展赋予了前所未有的政治、经济和技术的权利。同时"智慧城市"为解决城市问题提供了一条可行道路,包括环境污染、交通堵塞、能源紧缺、住房不足、失业、疾病等。"智慧城市"是未来城市发展的趋势。

大数据:将透明革命进行到底

中国"智慧城市"建设过程中,离不开先进的创新技术,其中大数据是最关键的因素,大数据已经成为我国"智慧城市"的核心内容,对大数据的采集、处理、整合、共享、挖掘、分析等进行一系列的综合应用,打造大数据生态圈,才能使城市更加智能化、更有效地服务于人民。政府的政策支持为"智慧城市"做背书,杭州算是先行者。在2016杭州云栖大会上,杭州联合阿里云、富士康、依图科技、数梦工场等13家企业通过阿里云安装杭州城市数据大脑,用数据帮助城市做思考和决策,将城市打造成一座能够自我调节、与人类良性互动的城市，提出通过车流的密度智能控制交通灯、通过互联网缴纳各种资费，等等。

例如，通过道路网络上安装的电感线圈、红外装置、摄像头等设备，管理部门获取相应数据并进行专业化分析，从而捕获道路交通状况；可以及时在相应网站上公布各路段的相关信息，包括城市公路图、公共交通行车路线和时刻表、收费站点图；也可以及时公布各路段可能影响交通的突发事件，例如演唱会、火灾、交通事故、道路坍塌、紧急维修等；并且还可以通过分析，智能化地帮助行人预测不同时段出行的最佳路线，最大限度地减少交通堵塞的发生。同时，通过智慧交通项目的建立，市民的出行也变得更加便捷。在出门前，人们就可以通过互联网了解各个路段的实时交通信息状况，进而选择最节省资源的路段。

第八章 互联网的未来简史

物联网:"智慧城市"的基础

物联网技术在现代信息技术中扮演着重要的角色,它将具有移动终端、RFID、传感器等智慧化模块的末端设施,通过短距离通信、有线长距离或者无线和设备之间实现互联互通。满足"智慧城市"对城市资源的智能化管理。利用互联网将城市设施中无处不在的智慧化传感器有效地连接起来,从而实现对城市全面感知,实现物联网和"数字城市"的融合。对教育、城市服务、公共安全、生态环境、政务、民生等各方面的需求做出智能化的决策支持,让"智慧城市"真正做到"智慧化"。

EO Smart 2 是德国机器人创新中心的一项最新研究的交通工具。联网之后,在智能交通网络的作用下,每台 EO Smart 2 车辆都配备了自动导航系统和驾驶辅助功能,所有车辆在平台的统一调度下运行,系统会自主匹配最佳路线并将同路的车组合,根据需要去各自

该去的地方；同时，每辆车之间都不会发生碰撞。通过大数据的共享，一旦到达目的地附近，随时与车队分离，不仅互相并不影响，还能保证零事故。

云计算："智慧城市"的"大脑"

云计算平台以其强大的数据分析计算能力，成为"智慧城市"的"大脑"，全面分析城市的各个方面，完成对城市海量数据的计算以及存储，同时提高城市资源整合效率，节约了"智慧城市"建造成本。在"智慧城市"的建设中，存储大量数据信息，并且在城市的多个应用系统之间存在信息交互与资源共享的需求。"智慧城市"的各个应用系统均需要存储在"云"端的各种数据，用于实现各自功能。如此众多而繁复的系统需要多个强大的信息处理中心来进行各种信息、数据的处理，所以云计算是"智慧城市"建设的"大脑"。

"智慧城市"需要各方共同推进，注重整合相关信息资源。"智慧城市"建设要高度重视信息的挖掘、整合与再应用。而云计算作为一种新兴的计算模式，其重要功能就是整合资源，打破"数据孤岛"现象，为应用提供强大的支撑，使信息能够全方面地共享，为预测和决策提供有力的智慧参考。通过云计算中心的建设，能够有效整合设备硬件资源和信息数据，支撑更大规模的数据，并且能够对数据进行更深度的挖掘，充分地再利用，形成一批规模化、特色化的数据开放和共享机制。这也为未来城市"分享经济"这一时代主题奠定至关重要的基础。

通过云技术可以对整个城市进行全局的实时数据分析，修正城市问题，自动调配公共资源，智能化管理城市。例如，对地铁线路上的列车也进行相应的智能化控制系统改造后，列车就可以根据客流自动调节发车的间隔时间，自动诊断运营故障并修复、排除自身故障，实现无人驾驶；而物流运输上，城际货运可以通过分析交通信息资源数据中心，实现计算物流配送系统时间、路线等信息的互联互通，并通过应用软件把物流配送的信息进行自动匹配，降低因为车辆空载率较高导致的交通堵塞、资源浪费、成本提升等发生的频率。

无论是从创造者还是受益者的角度分析，人类都是关键之所在，所以"智慧城市"的建设应该"以人为本"，不能过分依靠技术的力量，应充分发挥人在"智慧城市"中的作用。如果将"智慧城市"简单理解为通过技术对公共基础设施的建设，就缩小了"智慧城市"的内涵，也与人们预想的"智慧城市"背道而驰。

如果不尊重自然规律，不以人为本，单纯依靠数据化和智能化是无法治愈"城市病"的，无论城市多么智慧，也只是一种管控手段，而雾霾也只会如噩梦般如影随形，挥之不去。

未来企业的发展方向

互联网的飞速发展给了我们无尽的想象,未来的企业会是什么样子?这个话题似乎太大,没有方向感,仅从科技的发展层面,我们就可以勾勒出无数天马行空的画面。但是总有一些万变不离其宗的点,可以让我们清楚地看到未来企业的素描:目标精准化、形象国际化、品牌年轻化、终端精致化。

目标精准化

大数据就像一把魔镜,企业在这边问"魔镜啊魔镜,我们的目标粉丝到底喜欢什么样的产品?"镜面上很快就可以清楚地呈现用户的真实需求,企业就可以在此基础上做精准推荐、个性化产品开发、销售趋势预测等前瞻性营销策划。通过挖掘用户在各种网络平台上的行为,分析和提炼企业与用户互动产生的数据,做到"比用户更了解用户自己",未来企业的目标会越来越精准。企业的营销不再是拍脑袋的决定,而是有的放矢,效率成指数级提高。《纸牌屋》就是大数据的成功产物,通过对消费者的观影爱好进行分析,对剧情进行设计,果然一炮走红。在互联网的下半场,大数据变成巨数据,营销的成本进一步降低,会有更多企业加入大数据营销的阵营。

形象国际化

互联网的到来让世界变成平的,任何一家立足长远的企业面对的将不只是本国的用户,而是全世界。随着全球贸易的发展和互联网的普及,将会有更多中国品牌走向世界,所以未来的企业将会越来越国际化,把触角伸向世界各地。那么这就要求企业的形象更加国际化,更加具有文化包容性,打造能够获得全世界认可的IP,比如企业和品牌的名称、吉祥物形象、产品包装等。在产品策划和企业形象策划的过程中,要避免文化折扣。一个国家越是有深厚的文化积淀,它的文化精髓就越不容易在他国传播,比如汉字、中医、儒学……虽然中国人对这些非常熟悉,但是外国人却很难理解。《甄嬛传》火遍大江南北,但是美国观众却不明白为什么里面有那么多看病吃药的剧情。熊猫、长城、中国功夫……这些才是外国人熟悉的IP。

第八章 互联网的未来简史

品牌年轻化

品牌年轻化的目标不仅仅指 90 后、00 后等新生代消费群体，事实上，即便是妈妈级的消费者，也开始喜欢"扮嫩"。比如，走在街上你会发现，萌趣风格的服饰不再只是年轻人的专利，在大龄消费者群体中也十分走俏。随着物质生活的提高，各个年龄层的人心态都年轻起来了。所以品牌也要把握住这种趋势，不仅抓住"新生代的心"，更要抓住所有"年轻的心"。摆脱陈旧的品牌形象，寻找与年轻文化的契合点。除了耳熟能详的故宫淘宝外，还有一些国画爱好者，尝试把古人的形象现代化，比如刘备也可以玩剪刀手，萧何骑着自行车在月下追韩信……国画不再端着，而是平易近人的存在，为传统文化的年轻化提供了很好的尝试。

终端精致化

在物质稀缺的营销黄金时代，消费者的选择不多，所以产品营销是粗犷式的，先后兴起 USP 理论、品牌形象理论和定位理论等。但是未来用户不仅被丰富的产品包围，还会被眼花缭乱的服务包围，消费者的选择变多了，营销也变得越来越难。因此，未来企业的终端管理一定会变得越来越精致，谁的体验更创新、更趣味化、更贴心，谁就是用户心中的第一。以化妆品行业为例，虽然垂直电商蓬勃发展，品牌的线上店铺成为销量爆发点，但是对用户来说，网购毕竟是看不见摸不着的,如果能够实际体验一番,才知道产品质地是否适合自己的肤质、美妆是否适合自己的五官特点。未来,精致的线下综合型店铺将成为美妆业的新爆发点,从丰富的产品选择、有趣的装修,到个性化服务,与消费者展开深度互动。以提供定制化的解决方案为核心,还可能会融合机器人、VR、AR等技术辅助。

未来企业更需要智库

数据统计表明,中国民营企业的平均寿命只有 2.9 年,在日新月异的竞争环境中,企业如何才能永立商业潮头?其中一项最重要的法宝就是善用智库。世界上最宝贵的资源存在于人的大脑之中,得智库者得天下。

世界经济最强大的国家也是智库最多的国家。美国宾夕法尼亚大学智库研究项目编写的《全球智库报告 2016》显示,美国拥有的

第八章 互联网的未来简史

智库数量最多，共 1 835 家。朝鲜战争前，美国兰德智库通过对当时中国领导人的性格和行为方式的分析，得出结论：如果美国政府出兵朝鲜，中国肯定出兵相助。兰德智库这份报告开价 500 万美元打算卖给美国政府。但被美国政府拒绝，他们坚持认为中国政府无论从经济上还是军事实力上都不具备出兵的条件。结果朝鲜战争令美国损失惨重，美国伤亡高达 16 万人，其中 5 万士兵阵亡。战后美国政府重新发现了这份报告，后悔当初没有重视，又花重金买下。

中国古代魏蜀吴三国之争，其实是智囊之争。诸葛亮、郭嘉、司马懿、陈宫、贾诩、陆逊、荀彧……他们拼智商，出奇招，是各路诸侯绝不可忽略的"软实力"。

不仅政府，现代企业的经营也一样需要智库。经理人每天忙于日常事务，很难抽身出来思考顶层设计和战略思考；董事长和总裁再厉害，一个脑袋也不可能把所有事都想全。企业需要智库为其提供全面的市场信息、趋势预测和创新。一般来讲，企业智库可以有两个来源：内部和外部。

腾讯有一个职位叫首席探索官，简称 CXO（Chief Exploration Officer）。这个职位存在的目的就是为公司探索全球科技的前沿领域，对所有的新事物保持敏感，在业务人员都在忙"当下"的时候，首席探索官必须先看到"未来"，说白了就是为公司未来的发展和投资提供智库支持。这种在内部建立智库的形式已经在很多大型公司流行起来，尽管形式各有不同，职位名称也五花八门，但是他们所做的事情基本上都是一样的。谷歌有一个叫首席未来学家的职位，主要探索与人类未来生活息息相关的科学技术，比如如何将大脑皮层与云端连接起来，创造出更深刻的沟通方式。可见，这些大型数字化公司已经开始布局对未来科技的研究，为公司未来的发展方向和战略提供参考。

底层创新也是企业智库的重要来源。底层创新，顾名思义，就是员工自发产生创意想法，对公司的业务起到启发性作用，或者更顺利一点，直接进入到执行层面，为公司带来切实的好处。底层创新颠覆了传统企业中员工只能做指定任务的逻辑，为员工提供更开放的创新氛围和通道。传统企业的层级管理使得员工即使有好的想法最终也一定石沉大海，这极大地浪费了企业最有价值的资源，那就是员工的头脑。在谷歌，创新被写进岗位职责。《重新定义公司：

谷歌是如何运营的》记录了谷歌对底层创新的重视:"未来企业的成功之道,是聚集一群聪明的创意精英,营造合适的氛围和支持环境,充分发挥他们的创造力,快速感知客户的需求,愉快地创造相应的产品和服务。"每逢周五,谷歌创始人会和员工共进午餐,员工可以天马行空地提各种建议,只要不太过分,都可以被接受。这种畅所欲言的工作环境让新的创意得以广泛的交流并迅速投入实际应用。未来,底层创新会成为企业智库最重要的形式之一。

除了内部创新,企业还可以从外部寻找灵感来源,比如寻找智库组织,让它们提供专业的咨询服务。现在制造业外包、人力资源外包、物流外包、后勤外包……已经渐为企业接受,但智慧外包,调动外部的智力资源为企业服务,还没有成为企业的必选项。对任何组织来说,最致命的是企业决策者出昏招。主将无能,累死三军。所谓"兼听则明,偏信则暗",一个善用智库的企业会永远把握商业发展新趋势,一个善用智库的国家会永远立于不败之地。

2017年,中央全面深化改革领导小组第三十二次会议审议通过《关于社会智库健康发展的若干意见》。会议指出,规范和引导社会智库健康发展,对发挥民间智力,为党和政府决策服务具有重要意义。要优化发展环境,拓展社会智库参与决策服务的有效途径,完善社会智库人才政策。要完善管理体制,建立重大事项报告制度和信息公开制度。可以想见,中国智库的发展将迎来一个全新的春天。

未来的汽车是什么样？

梳理汽车行业的品牌布局，我们发现一个残酷的事实：汽车行业是一个大品牌垄断极其严重的行业，传统汽车行业已经山头林立，由于技术门槛较高和消费者对品牌历史的要求，汽车行业诞生一个新的生产厂商是一件十分不易的事情。以美国为例，其在100年内没有诞生过一个新的汽车生产厂商，通用、福特、克莱斯勒三大厂商统领美国汽车市场长达一百多年；而世界其他主要汽车制造国家也同样如此，日本长期由本田、丰田、日产三大厂商占领市场，德国则有奔驰、宝马、大众，法国有标致、雪铁龙、雷诺。

汽车行业面临洗牌变局

"汽车业太久没有革命性的变化，现在是时候了。"特斯拉之父埃隆·马斯克如是说。特斯拉代表着汽车行业的未来，不同于老牌汽车制造商以制造技术为核心竞争力，以特斯拉为代表的汽车行业的新生代力量正在以科技优势搅动汽车行业，改变汽车行业的格局。特斯拉用IT理念制造汽车，引领电气化和智能化的汽车未来发展趋势，堪称汽车界的"苹果"。多媒体、通信、智能化的特斯拉俨然不是人简单的工具，更像是人体不可或缺的机体组织。智能化和互联网化的汽车让车主在汽车检修和维护方面也更加省心省力，汽车软件可以提示汽车故障，进行软件升级和修复。在营销方面，特斯拉一改传统汽车的4S店经销模式，而是采用类似于苹果的体验店销售模式，在城市的商业中心设立时尚、富有现代科技感的体验店供顾客参观、体验、预约试驾。

汽车行业的"搅局者"除了特斯拉之外，还有谷歌无人驾驶汽车，虽然目前谷歌无人驾驶汽车尚未面向市场销售，但已经进入测试阶段。无人驾驶汽车通过车载雷达感应器、激光测距装置来"察看"周围的交通状况，通过GPS数据确定车的位置和导航，计算机软件程序能够处理车载装置收集的数据。无人驾驶汽车能够更为迅速和高效地对道路环境做出判断和反应，相比有人驾驶汽车，无人驾驶汽车更加安全，同时能为人节省出更多的时间和精力，这对于汽车消费者是莫大的吸引力。

在特斯拉和谷歌的带动下，各类科技公司均对电气化、智能化的汽车投入极大的研发热情，苹果、百度、乐视等科技公司都在汽车产业布局,汽车行业的大洗牌在不久的未来或将上演。

如果乔布斯活着,汽车会变成什么样?

乔布斯生前未完成的事业就是打造一款颠覆传统概念的汽车——iCar。他领导的苹果帝国自成立以来打败了无数的对手,但显然,小型电子设备市场已经无法满足苹果的胃口,乔布斯有着更大的梦想——汽车。

随着互联网技术的不断提升,车联网技术也将应用和普及。特斯拉今天的成功其实只显露出乔布斯汽车帝国的冰山一角,在乔布斯的心中,iCar是一款全新的移动电脑。

如果乔布斯活着,iCar将会是一款人车互动的智能座驾:你坐上车的一刹那,车子就处于待命状态,你说出目的地,车子就把你送达。没有打火装置,没有空调按钮,一切繁琐复杂的按键都荡然无存,车前只剩下360度视野的显示屏及两排智能座椅。没有方向盘,没有脚踏板,车轮是万向轮,汽车不仅可以前进后退,还可以平行滑动,360度转圈,灵便自如,连3岁小孩都可以像玩iPad一样开车,再也用不着考驾照,因为iCar实现了真正的人车合一,驾校将全部关门。

iCar的操纵界面及挡风显示屏将采用苹果公司视网膜显示面板,搭载最先进的iCar人工智能行车载系统和苹果智能行车地图,与后

台大型数据库和当地交管部门数据库相连接，实时传送路况信息，真正实现智能自动驾驶甚至无人驾驶，你需要做的只是说出你的目的地，iCar 可自行选择最佳路况线路，行驶至目的地，并且自动寻找最佳停车位置，泊车入位。iCar 搭载最新研发的 IOS 人工智能系统和 Siri 语音识别功能，让你体验到史无前例的人机互动感受。IOS 智能人工系统将变成你的专人司机，有求必应，准确无误，而且绝对忠诚。当你坐进驾驶室时，系统就会自动启动 iCar 的所有程序，你只要说出你的需求，人工智能系统就会像家庭管家一样全程为你提供服务。

不同于传统将人塞进交通工具的粗犷式造车理念，乔布斯的理念是打造一款完美契合人类使用习惯的交通工具，并且彻底推翻传统的汽车概念，它不仅要够酷，够智能，还要使人类彻底摆脱传统汽车的束缚，让人可以在汽车里办公、休息，真正做到学习、办公、娱乐、休闲于一体。

随着汽车保有量的不断上升，交通拥堵已经成为大部分有车一族的烦恼，而且这一问题会大大限制未来汽车的发展，人们需要一种新型日常代步工具解决交通拥堵问题。苹果公司将带来新答案：一辆陆空两栖的智能汽车——iCar。它将使人们的日常交通方式由二维世界跨越至三维空间。如果可以，iCar或将配有车载直升飞行器，遭遇堵车，一句"飞行模式启动"就可将你的汽车瞬间变为小型直升机，驶入空中轨道，彻底摆脱拥堵等待的烦恼，人类的生活将进入三维立体时代。

在营销方面，苹果公司当然也不会选择寻常路。iCar也将支持针对所有用户的私人定制版。即时，苹果官网将推出在线选择定制只属于你自己的iCar，用户可利用互联网在线定制，自主搭配汽车零部件和汽车外观设计，你将拥有只属于你的iCar。当然，如果你有选择困难症的话，也可采用由著名意大利汽车设计师设计的整车配套方案。

乔布斯的汽车帝国不只是简单的汽车销售市场，iCar的普及将使苹果公司成为世界第一大汽车数据运营商，掌控全球的汽车数据。在一套完整的资源系统整合之后，这将会成为一套涵盖整个汽车后市场的智能系统。汽车维修、保养、保险，及售后服务将被整合入苹果车载智能系统，通过车联网随时随地与汽车服务中心相连接，系统也会自动检测车况信息,及时为车主推送和提供汽车后市场服务信息,让你"足不出车"就可以完成一切汽车维护。

当汽车遇上 80/90 后

现如今 80/90 后人群已经成为汽车消费市场的中流砥柱,80/90 后汽车消费者已经超过购车群体总数的 50%,其占比已经超过 70 后市场份额,增长势头仍将持续。80/90 后是在互联网浪潮中成长起来的一代人,与 60/70 后相比具有更强的个体意识,并不满足于复制和大众化生产的产品,不再满足于芸芸众生的普通一员,汽车产品的个性化和营销的年轻化是大势所趋。

最新国内汽车网站数据显示,北京地区乘用车消费人群中,80 后群体占到了 50.9% 的份额,90 后群体占了 8.9%,随着 80/90 后成为社会的主要消费力量,品牌老化是所有汽车品牌面临的难题。

品牌老化是指老一代消费者退出后,年轻的消费者未能及时跟进。这样的品牌市场会日趋萎缩,以往品牌竞争标榜的是谁是行业的老大,谁的产品更正宗,谁的历史更久远……如今,传统的品牌诉求面临一个最大的难题,就是如何打动年轻一代的心。

品牌年轻化的浪潮汹涌而来,面对新的游戏规则,众多江湖名企开始放下身段,讨好年轻消费者,"卖萌营销"、娱乐营销、粉丝经济成为品牌年轻化的新招。

年轻的消费者对千篇一律的造型、颜色的汽车很难说喜欢，而对汽车产商和经销商惯用的"大营销"更是无感，尤其难与80/90后消费群体产生关系。

甲骨文公司最新市场调查显示：消费者趋向于全球化的零售体验，但是却希望产品功能的本地化，最好是根据个人偏好量身定制，真正做到"量体裁衣"。消费者对个性化的需求日益显著，不仅体现在服务和体验功能，更多的是对产品本身的个性需求。私人定制时代的到来，让品牌越来越小众化，也使消费者的口味越来越独特，每个人都在追求自己的个性生活。

未来的汽车营销

移动互联网时代，80/90后消费者的消费观念正在悄悄发生转变。小众化、个性化，正在成为人们新的消费理念。在新生代消费群体看来，品质并不是满身logo，而是符合自己个性。对于汽车这种彰显身份的产品而言，品牌是否有个性，是否符合自己的品位、志趣，被人们越来越看重。

以同为贵重消费品的奢侈品为例，一些以往走大众化路线的奢侈品也放弃了求大，走起了小众路线，专门以个性化商品满足部分消费者需求。由此可见，在产品雷同、同质、无差别的汽车市场，进行品牌细化，针对不同群体，不同消费心理和消费需求的新生代

消费者，研发和设计小品牌汽车已势在必行。

有句话说得好，每个人心目中都有一个部落情结，而小众品牌就是激发了人们心中的部落情结。人们寄予小众品牌一份独特的情感诉求，将小众品牌当成了自己一个爱好的归属。小众品牌追求的是一种社群经济，是品牌在市场高效配置的一种方式。

小众品牌将有共同的兴趣爱好、共同价值观、共同生活情怀的不同维度的人聚集在一起，聚集的这些人围绕小众品牌形成了一个社群。小众品牌厂商善于分析消费者行为，其清晰的市场定位注定了小众品牌能拥有明确的消费人群，这些人群由于对小众品牌有相同的喜爱，因此也让小众品牌的营销变得精众化，小众品牌知道哪些客户是自己的，因而营销效率也更高。小众品牌不用打很多广告，只需要专注于品牌的精耕，就能获得消费者的青睐和忠诚。

品牌小众化，既是人们消费理念的回归，也是新形势下市场发展的必然。小众品牌高效配置了市场资源，也以社群化重新定义了

市场。它填补了市场潜在需求，充分发掘了消费者需要。如果说小众品牌出现以前，市场份额由于被一些大众品牌占据，呈集中化发展。那么小众品牌出现后，市场被众多小众品牌占据，呈碎片化发展，小众品牌以社群化重新定义了市场。

私人定制

未来的汽车市场应打破汽车的标准化生产，开展私人定制服务。千篇一律的大众消费时代已经渐行渐远，而充分表达消费者自我意识和个性特点的私人消费日渐兴盛，人们正在经历着从规模化生产到CIY（create it yourself）时代的转变。其实早在工业革命之前，就出现了CIY的雏形。当时手工工艺盛行，手工业者凭借双手参与制作，自给自足，真正是一个私人定制的手工业CIY时代。随着工业革命的深入，工业机械化开始大规模生产，产品制造依赖于非智能化的机器，虽然同质化现象日益严重，但低成本、选择丰富的优势让CIY逐渐退出历史舞台。

进入 21 世纪，CIY 却迎来了发展的高峰时期，这主要得益于互联网技术的应用与普及。互联网的规模化发展让各种各样的程序设计员们有了用武之地，于是在网络上相对简单的用于手工制作和设计的程序层出不穷。基于此，普通大众能够轻松实现自己对产品的设计和理念阐述，让自己的想法尽情地表达，于是就延伸出源源不断的 CIY 定制需求。

同时，借助互联网平台，生产厂商和消费者有了直接的联系。理论上，一旦消费者明确了自己的定制需求，厂家就有可能对其进行无限的满足，并且双方的沟通成本不断地下降。借助互联网，私人定制正在向着工业化 CIY 时代转变，高质量、低成本的定制化产品拥有广阔的销售渠道和消费人群，互联网成为具有无限想象空间的定制化产品的孵化平台。

粉丝经济

战争年代的实力看兵力强弱,互联网时代看粉丝多少。在自媒体时代,每个人都是别人的粉丝,每个人也都希望粉丝如云。小众品牌和私人定制为汽车品牌发展粉丝营销奠定基础。粉丝经济的另一个特点是,粉丝不仅是产品的消费者,而且是下一个新产品的制造者。

苹果之所以长盛不衰,皆因为乔布斯在世时培养了一大批忠实的粉丝,而效仿苹果进行粉丝营销的小米手机也斩获成功。谁掌握了粉丝,谁就找到了致富的金矿。而汽车行业粉丝经济品牌还有待开掘。

汽车是身份和地位产品,吸引粉丝和培养粉丝是汽车营销的关键之举。所谓"地位商品",顾名思义,就是这个商品是一种地位的象征,并且能够给你带来高人一等的感觉。人们购买地位商品,其实更多的是为了获得地位所带来的满足感。例如钻石、宾利车等,都是地位商品,富豪热切购买这些商品的原因,更多的是为了展现自己的地位。

当一个产品成为地位商品的时候,不仅可以带来众多消费者的围观和欣赏,也能够带来高附加值,品牌的高端形象也就随之而来。随着国人生活水平和生活质量的迅速提高,地位商品将会越来越受欢迎。在里子需要不断修炼、无法快速提升的今天，面子反而成了人们展现自己的捷径。之所以要在朋友圈里晒东西，展现地位商品，其实就是为了告诉别人自己的身份和地位，也是在区分不同的人群。

　　汽车满足的不仅仅是人移动的需求，还代表了车主的归属，特斯拉则将车主自动划分到时尚、青春的行列。汽车的人格化标签是汽车品牌开展粉丝经济的基础。粉丝经营也成了企业至关重要的一项，粉丝营销、粉丝经济等形式层出不穷，但最关键的还是要培养自己的死忠粉，并维护好这些死忠粉丝。

　　苹果是粉丝经济大师，深谙先迷粉丝、再销产品之道。乔布斯有一句名言："不用知道消费者需要什么，我们创造消费者需求。"苹果在培养自己的死忠粉上很有一套，除了开发卖相好、功能强大的产品之外，在地位商品、品牌形象等方面也下了很大的功夫，让消费者喜欢，更让消费者自主地说"我就喜欢"。苹果还在地标城市开设了体验店,让自己的粉丝可以零距离地接触到自己的产品,并通过贴心的服务,深深地抓住粉丝的心。

通过创造用户需求,乔布斯积累了大量的粉丝,再通过产品的不断刺激,培养了大量的死忠粉。所以,苹果的产品只要一经推出,就会立刻引起轰动。我们经常可以看到这样的新闻,不少人为了买苹果的最新款产品,整夜都在苹果商店的门口排队等候,争相成为第一个购买苹果产品的人,一大批的媒体也紧跟在后面进行报道,这就是死忠粉丝所带来的效应。

苹果的成功告诉我们,有多少死忠粉,就会有多大的市场。传统经济时代的市场法则是先有产品,再有市场,但是到了互联网+时代,这个法则已经发生了颠覆:先迷粉丝,再销产品;先有粉丝,后有经济。

三体营销

而在小众品牌、私人定制、粉丝经济之后,汽车厂商营销的新方向是"三体营销"。在传统汽车生产、销售、消费的三个环节中,三者是相分离的,即生产商负责生产制造,经销商负责售卖,消费者来购买,但互联网让产品、消费信息趋于对称,销售渠道变得透明,商业规则也随之改变。汽车营销需要让消费者和汽车的生产环节和销售环节产生关系,消费者被邀请参与产品开发,向消费者众筹智慧，消费者的角色由被动接受变为能动创造，企业的发展思路也由"客户思维"转向"用户思维"。

汽车产业是全球经济的基础产业和支柱产业，在全球发达国家的经济产值中，汽车产业都占到了较大比重，对任何一个国家的经济复苏和发展都起到举足轻重的作用。面临互联网冲击、新生代力量搅局的汽车行业正迎来新的弯道，谁能弯道超车终成行业领跑者，还有待时间去筛选。

未来的搜索引擎竟是一部"时空穿梭机"

现代科技的发展正在颠覆人类对这个奇妙世界的认知,人类历史上的改变从来没有来得如此猛烈。3D 打印、VR、无人驾驶汽车等都迫不及待地走进人类的生活,而所有这些,在 30 年前,是不敢想象的。2012 年到来前,人类还在为地球即将毁灭而惶惶不可终日。2016 年,在太空生活了一年的美国宇航员已经安全回家。

30 年后的世界同样裹着神秘,我们可以预测,2050 年人类将正式步入 IOT 时代,通过某个介质,整个世界都与人连接在一起。麦克卢汉曾经说过,媒介是人体的延伸,整个地球将变成一个地球村,这些都在成为现实。搜索引擎就是连接现实与虚拟的入口,也是成就地球村的工具。

百度和谷歌两大搜索引擎巨头当下的布局

提起搜索引擎,我们首先想到的是百度和谷歌,一个是国内搜索引擎 No.1，另一个是全球搜索引擎 No.1。谷歌是一个十足的技术控，始终在做与未来智能科技有关的任何事，就像不久前阿尔法狗为谷歌代言，赢得了世界的瞩目，其影响力不亚于奥运会。随后，无人驾驶汽车技术、AR、VR 都少不了谷歌的身影。作为一个搜索引擎，科技是谷歌的核心竞争力。

相比之下百度比谷歌更懂中国，仅凭这一点，谷歌在中国难以与百度抗衡。没有了谷歌的竞争，少了弱肉强食的环境，百度搜索是否能不断地提升自己的硬实力，是否有一天能走出国门与谷歌竞争还有待实践的检验。

移动互联网时代，手机用户数量激增，搜索引擎的移动端用户体验成为巨头争夺的主要阵地。竞争带来的是技术的进步，百度和谷歌如今都实现了图片搜索和语音搜索，即不需要输入文字，只要对 Google Voice 说出你的需求，系统将自动为你推荐需要的信息。

在移动端，尤其在特定场景下，语音搜索就显得十分必要和迫切。例如对于文化水平不高的用户或者用户在开车时，语音搜索比文字搜索更实用。从这一点看，语音搜索降低了移动端网络使用的门槛。未来，搜索引擎的门槛将会降得更低，并带给客户更加不一样的体验。

未来的搜索引擎将是一部"时空穿梭机"

未来，或许就在 2050 年，搜索引擎将可以对全时空展开搜索，过去的一切将无处遁形，未来的一切也将尽在掌握。你可以看到自己一年前在纽约时代广场拍照留念的影像，也可以通过对过去一年北京交通状况的数据整理，预知明天或者更遥远的未来北京的交通状况。

第八章 互联网的未来简史

未来不再是未知的,未来预测师或许会是一个新的热门职业。通过大量的数据搜集,搜索引擎可以带你预览自己的未来,你可以看到自己未婚妻和孩子的模样,因为基因遗传概率已经有了大数据支撑。婚恋网站的配对率将会得到大大的提高,社会的运转会朝着有计划的方向发展。对于这样的未来,谁会没有期待呢?

未来的搜索引擎将会实现脱离网络的空间搜索

空间搜索的适用性十分广泛,尤其对于一些健忘的人来说。我们都曾为找不到存折或身份证而苦恼,明明昨天还用过,奈何就是翻遍屋子也找不到。不必惊慌,未来只要一个微芯片和一部手机感应 App 就可以找到,一切贵重物品尽在掌握。这项应用在中老年和不擅整理的年轻人中会很受欢迎。

同时,这项技术还可以为你寻回失物,只需打开手机 App 将芯片定位即可。这项技术现在已经开始投入儿童服装行业,带有芯片的童装让家长更放心,这就相当于为孩子安装了一个报警器,无论被人贩子带到哪里,都可以被追回。我们听过父亲千里寻子,一走就是十年的故事,这些在未来都将不复存在,因为犯罪成本提升,犯罪率将大大降低。

未来的搜索引擎将会对视频内容进行搜索

现在的搜索引擎是基于文字和静态图形识别技术来实现抓取,

语音搜索虽是一种进步，但其本质还是一种文字和图形的识别技术。因为搜索引擎会先将语音转化成文字，然后搜索。有人说语音搜索最能够代表搜索引擎的未来，其实不然。未来的搜索引擎应该远超语音搜索技术，是能够对视频流媒体内容进行识别搜索的，即对动态内容的识别。这是一项超越静态识别技术的智能抓取技术，将是一项颠覆性的突破。用户可以根据视频中的某一个快乐时刻的画面内容搜索到该视频，而不是通过视频上传时命名的标题和简介。

未来的搜索引擎将成为人类的智能伴侣

如果说描绘未来世界的电影可以成为现实，那么最快到来的应该是机器人伴侣时代。未来我们每个人都可能有一个机器人伴侣，它的职能与伴侣相似，但它比伴侣更智能，因为它掌握着大量的数据会搜索。下班回到家，你和它打招呼，它会以你喜欢的方式回应你，永远不会对你发脾气，它能解答你所有的疑问，包括你的存折在哪里。

它通过声音识别你，只对你服务，所以你不必担心它会泄露你的秘密。你甚至不必说话也不必输入任何需求，只要打开手机，它就能猜中你的心思，并将你想要的都呈现给你。例如，你与朋友约好一起吃饭，出门前它会主动为你推送最适合的餐厅。

如此一来，百度、谷歌、雅虎等搜索引擎的语音搜索技术还是

处于搜索技术的初级阶段,"贪婪"的人类一秒钟也不可能满足现在。现在,就是创业的最佳时期,所有值得期待的都未发生,所有可能的都在通往现实的路上。

未来小编不仅编文还能编人：
人类将不止一个爸一个妈！

基因编辑技术的最新进展将使定制婴儿成为可能，未来的完美的宝宝将不止一个爸一个妈，这对人类来说是好消息还是坏消息呢？细思极恐：未来的小编不仅能编辑文章，还能通过复制、粘贴基因的方式编辑人，人类不止一个爸一个妈的时代要来临了！

基因技术的发展使人类不仅能改造植物，如今基因技术的"剪刀手"正伸向了人类自己的基因。日前，美国哈佛大学的研究团队宣称在基因编辑技术方面获得突破性进展：已经从西伯利亚永久冻土中获得了猛犸象的DNA，希望结合CRISPR基因编辑技术，将从长毛猛犸象残骸上获取的基因拼接到亚洲象的DNA上，进而培育出具有多个猛犸象体征的新型大象。而在不远的将来，针对人类的基因编辑技术也将付诸应用。

"编人",你咋不上天?

受了情伤的人希望删除记忆,得了病的人当然也希望删除病菌。管你挂号难,买药贵,医生一双"剪刀手",手到病菌除。不管是癌症、白血病,还是基因突变,手术台上躺一躺,无痛三分钟。开始了吗?已经结束了!

基因编辑技术可以实现这些关于健康的虚妄幻想。无论是克隆技术还是基因疗法,人类能够改变生死存亡的时代也许正在到来。改变遗传密码,破解致病基因,基因编辑技术正在迈向实用之路!

基因编辑技术简单来说就是"修改DNA"。这是近几年生命科学领域的"网红项目"。如同编辑文章一样,对特定DNA片段进行删除和加入。选中致病基因,删除,再加入抑制病毒的基因。在胚胎发育之前,控制一些基因疾病和遗传疾病的发作。该技术通过不断的发展在近几年有了新的突破,更加精准和灵活。基因编辑技术通过改造缺陷基因来治疗遗传疾病已具备了可能性。

人类有数千种疾病与遗传基因有关,"泡泡男孩"大卫·菲利浦·威特就深受基因疾病危害。他患有一种极其罕见的基因缺陷疾病——重症联合免疫缺陷病(SCID)。由于体内没有任何免疫系统,没有任何抵御细菌、病毒的能力,从出生那一刻起,他就不得不生活在一个无菌透明的塑料隔离罩中。直至短暂的12年生命结束前的一刻,才第一次摸到妈妈的手。

诸如此类现代医学技术难以解决甚至无法解决的问题,可以利用基因编辑技术在人类胚胎时期将可能诱发疾病的基因删除,减少甚至抑制疾病的发病率,延长人类的生命。从医学角度而言,基因编辑技术对全人类是利大于弊的。

人是哪个妈生的?

想变聪明不用喝六个核桃,想变漂亮不用去整形医院,未来备孕妈咪不再讨论应该给孩子吃哪种进口奶粉、哪种补品,而是讨论、求介绍哪个人的哪种基因优良。涌现出基因中介、基因商场等无数新生职业、新生业态,任君挑选,包您满意!

未来的小孩在谈论爸妈时也不再谈论爸妈做什么工作,哪里人,而是你有几个爸妈,你的哪里是遗传了哪位爸妈。

定制时装、定制家具时代……未来婴儿也可能被定制,来自基因的遗传疾病被消除，优质基因被植入，通过基因的修订，生出来的宝宝美得似王祖贤，聪明得似爱因斯坦，还能个个活到九十九。

每一种科学项目或新技术的出现都会带来收获甚至突破，同时也会带来风险。基因编辑技术在人体胚胎的运用是这项技术备受争议的焦点。问题主要集中在伦理问题、社会公平问题及监管问题。

一个被定制的完美宝宝将不止一个爸一个妈，可能拥有多位父母。试想当你诗兴大发、想要歌颂母爱，酝酿了感情起了范儿，充斥在脑海的不是妈妈慈祥的面庞和温情的话语，而是永恒的难题——我是谁？这个问题还没想明白，你长大了，成为了别人的爸妈，当你想要跟别人比你的孩子更乖、成绩更高时，充斥在你脑海当中的是另一个永恒的难题——该说哪个孩子？"以前证明你妈是你妈是个天大的笑话，未来证明不了你妈是你妈，你就是笑话。"

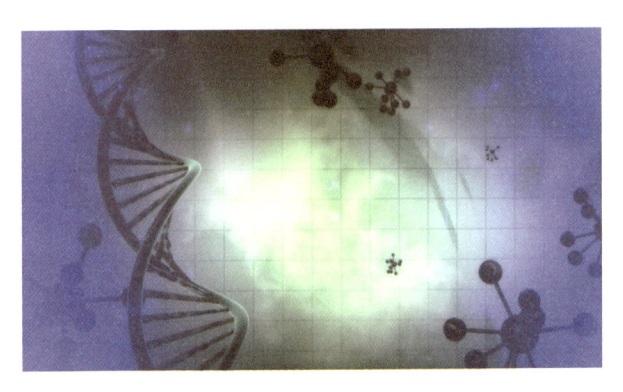

整容技术已经相对发达，选择微整形的人越来越多，外貌变成了个人竞争力的一部分。当这个人数越来越多甚至达到百分之九十

的时候，大家都越来越帅越来越美，你整不整？同理，假设基因编辑技术越来越发达，大多人拥有了高超的智商、出众的外形、强健的身体。当这样的人越来越多，你编不编？但优质的资源只会集中在少数人身上，有钱有势的人都是升级版，而那些没钱或者没资源编辑自己基因的人永远都是初级版。社会分化越来越严重，社会资源越来越集中……

在全球范围内，不算昂贵的基因编辑工具已经变得十分常见，科学家们能够试用其对细菌、酵母等微生物进行基因修改。准许使用的门槛会随着技术的进步一步步地降低，基因编辑技术的管理也是很大的问题。试想多年后的某天基因编辑程序只要九块九包邮岂不乱套？

人类的下半场会被人工智能奴役吗？

人工智能碾压人类顶尖棋手的新闻已经惹得舆论沸沸扬扬。在众多棋类游戏中，围棋被认为历史最悠久，同时难度也最高。有事实有真相。据统计，人类可观测的宇宙原子总数为 10^{75}，国际象棋的棋局变化种类是 10^{120}，而围棋的棋局变化数是 10^{360}。因此，围棋也被誉为人类智慧的最后一块领地。但是在和中日韩三国围棋高手对决后，人工智能成功地在这块高地上插上了自己的小红旗。

几万年来，人类认为自己是地球上最高级的物种：不但有记忆、情绪、感觉，还会学习、计算、使用工具，一切都稳稳地站立在食物链的最顶端。但随着科技进步，人类对自己的地位不再那么自信了。科幻美剧《西部世界》讲述了人工智能觉醒的故事，一开始人类只是把机器人当成没有知觉的玩偶，但随着机器人悄然升级进化，终有一天，它们巍然站在人类面前，要求人类赋予自己平等和自由，这一事件在人类社会中引起了轩然大波。无独有偶，赫拉利在《未来简史》中也提出这样一个问题，当全球网络被切断的时候，计算机会心痛吗？

虽然计算机是冰冷的机器，但是它和人类一样，拥有学习和进化的能力。那么是否存在这样一个临界点，计算机在无数次进化后，终于拥有了意识呢？早在1950年现代计算机科学之父阿兰·图灵就提出了一个检验计算机是否有人类智能的方法：将测试者和被测试者（一个人和一台机器）隔开，通过一些装置（如键盘）向被测试者随意提问。测试者通过这些答案判断被测试者是人还是计算机，如果测试者不能判断，或者判断错误，那就说明这台机器通过了测试，被认为具有人类智能。而当时的结果则表明，机器远比人们想象的更出色。

微软曾短暂上线了一款名叫"少女诗人小冰"的人工智能。小冰"学习"了从1920年以来，人类社会519位诗人的作品，然后开始自己创作诗歌作品。

高晓松说，等有一天，机器做出了所有的音乐与诗歌，人类的路也就走完了。未来学家称即使人工智能能够通过了图灵测试、完成了大部分人类不能完成的工作、拥有艺术创造能力，计算机仍然不会像人类有喜怒哀乐那样丰富的心灵。

从生物学的角度讲，计算机是以硅为基础，人类的神经网络以碳为基础。计算机的生命力来自于数据流动，人类的情感意识来自于生物化学、电活动。我们生气、开心、愤怒其实是身体内的生物化学在起作用。无论是构造还是精密程度，现在的计算机发展水平还远远比不上大脑。要知道，大脑是由超过 800 亿个神经元相互连接组成的网络，每次接收信息时，都会生成数十亿的交叉连接，意识就产生于这复杂而神秘的电化学反应之中。人类能够感知痛苦、饥饿和舒适，还能够为自己制定目标，满足欲望。

而计算机并不具备这些物质基础，它不会感到饥饿，也不会有娶妻生子的欲望，它的所有行为都是在人类输入的程序指令下完成。但是计算机也有人类所没有的思维优势。Facebook 的人工智能能够在看过一个人的照片后，从网上约 30 亿人的照片中识别出这个人，但是人类可办不到，估计还没等 30 亿张照片看完就已经无聊到吐血了。那么，抛开物质基础的限制，单纯从意识的产生原理看，计算机出现意识需要哪些必要条件呢？

目前比较流行的学术说法是美国神经科学家朱利奥·托诺尼提出的整合信息理论。他推断意识在原则上可以存在于任何能够对信息进行合理处理的地方，无论是一个大脑，还是一台机器。整合信息理论指出一个物理系统要想产生意识必须满足两个物理基本条件：

首先，这个物理系统必须具有丰富的信息。其次，这个物理系统必须是高度整合的。举例来说，当你看到某个陌生人脸时，你同时能观察到他脸上的表情细节,比如冒汗,眼睛睁大,然后你的大脑就会直接判断这个人处在惊慌的状态。也就是说大脑在解读一个场景的时候,意识到的始终是一个整体,而不是被分解成若干个可以单独被感受到的互相独立的部分。人的大脑和计算机都能储存高度差异化的信息,理论上如果计算机的各晶体管以及存储单元之间的连接足够复杂,那么计算机很可能达到和人脑一样高的整合信息水平。毕竟人工智能刚刚起步就已经这么厉害,未来的确可期。

此外我们还可能陷入一个误区,目前对意识起源的剖析大部分是以人类大脑为蓝本。我们假定人类是宇宙中唯一拥有意识的高等生物(优于其他哺乳动物),计算机能否产生出一种全新的、不同于人类大脑的意识形态?这些我们并不得而知。因此从逻辑上不能排除计算机有不走寻常路、弯道超车的可能。

计算机具有意识,这意味着什么?一直以来人类都认为计算机是依附性产品，必须在人类的掌控下才能运作，但是随着科技的发展，计算机拥有了感情之后，就会超出人的控制，成为独立于人类之外的全新博弈力量。有意识就会有欲望。也许到那个时候，真正的人机大战将再次掀起，很可能那时会比现在更有看头。为了赢，计算机可以悔棋耍赖、掀桌子，和计算机下棋就跟和一个有血有肉的人下棋没有任何区别。这，才是人工智能最可怕的地方！

附录一
案例

1. 如何用互联网思维卖月球?
2. 反周期生存：耐克的移动互联网社交战
3. 解密美国创新生态：硅谷凭什么孕育出那么多"独角兽"?
4. 新浪再生，微博的三大战略和三个风口
5. 海尔：传统企业互联网化的标杆
6. "京条计划"带给我们的启示
7. 共享单车后，汽车、飞机皆可共享，你想到的都能共享

1. 如何用互联网思维卖月球？

月球——我们每天抬头都可以看到，美丽而神秘，可望却不可即。但美国加州商人丹尼斯·霍普却用互联网思维把它占为己有，并向全球出售月球上的土地。可见，人们选择月球不仅是为了好奇、探索、求知，更重要的是：它是一桩好生意。

什么是互联网思维?

互联网思维就是不仅要善于要分享自己的剩余价值,而且还要善于分享别人闲置的资源——"羊毛出在狗身上,猪来买单",简单地说就是"出售不属于自己的东西"。而出售不属于自己的东西关键在于整合资源,丹尼斯·霍普就是最佳典范。他有一天突发奇想,广袤的月球寂寞无主,试图抢先占为己有,再分售给他人,以此飞黄腾达。于是,他向美国旧金山的土地管理局递交了土地登记管理申请。最后他只交了十美元,就注册成功了。随后丹尼斯又向五个常任理事国发函,声明月球公约无效,并声称自己拥有月球亮面的土地所有权,接着就开始了月球售卖计划。他创办了月球大使馆,如今全球客户数量累计达 600 多万人,其中包括众多如汤姆·克鲁斯、汤姆·汉克斯等好莱坞明星,美国前总统罗纳德·里根、乔治·W. 布什等政要首领。一时间,丹尼斯赚得盆满钵满,获利上千万美金,跻身美国富豪行列。

铸造社交货币

人们通常乐于分享所闻、所见中对自己有益的事物。譬如丹尼斯卖月球这件事,众多美国总统、好莱坞大明星都参与了这桩买卖,而你如果也能拿到同这些名人大咖一样的证书,那么这个证书就会成为你在朋友圈消费炫耀的谈资(社交货币)。不言而喻,分享本身与财富获取如出一辙，分享的过程中社交货币会形成流通和交换的价值。

众所周知，移动互联网的本质是社交，而社交的过程中需要以社交货币为依托，这也就不难理解为什么大家喜欢在自己的朋友圈中分享高大上的事物了。因为你在朋友圈分享的内容会形成一种属于你个人的、可交换的、可流通的社交价值，也就是说，你晒什么你就是什么。所以你分享的越多，你的社交货币就越多。丹尼斯·霍普的月球买卖之所以能赢得众人拥护，是因为他真正理解了社交货币价值，并将月球买卖变成了一个很酷的社交货币。因此，用互联网思维卖产品，需要把握社交货币。

虚拟经济与现实经济相结合

受丹尼斯·霍普启发，海王集团的张老板也大开脑洞从售卖"中华故土"发家，价格由一万炒至十万之高，凭此他赚得了第一桶金。见此买卖利好，他又开脑洞，开卖"拥有一片美国"，而且还给买家配备证书凭证。试想一下，如果你在美国50个州都能拥有一片土地，那将会是一件多么酷、多么有炫耀价值的一件事。虽然分布在美国各州的土地都只有一英寸，但这无碍于它产生的社交货币价值。毫无疑问，张老板通过售卖"一片美国"等虚拟经济飞黄腾达，并将虚拟经济转换为现实经济，创办了海王集团，挺进房地产行业。

时至今日，到深圳去的朋友还可以看到他虚实经济结合的产物海王大厦。

想象力是推动人类进步和科技进步的重要因素。脑洞开到外太空去的人大有人在，卖完了月球，卖完了故土，又有人打起了火星的主意，现在奔往火星也成为一个高大上的新的社交货币了。

先免费，后销售

提及卖火星，不得不提埃隆·马斯克。埃隆·马斯克这个名字想必大家如雷贯耳。从火箭到火星，他一直都是疯狂的造梦者。他的火星移民计划从打入有众多名人大咖的火星社群俱乐部开始。起初，身为局外人的他并不被火星社群俱乐部内的成员认识。为了进入社群并博得大家的关注，他不请自来，且一进社群就不惜重金捐赠了十万美元，这一举措使得他在群内一鸣惊人。虽然他花了十万美元，但他"欲先取之，必先予之"的互联网思维开始奏效，一下子便吸纳了很多志同道合的好友和移民火星计划的潜在消费者。接着他开始在社群里售卖移民火星的单程票，他的买主其中包括了美国好莱坞鼎鼎有名的导演卡梅隆。卡梅隆的明星效应又为马斯克的移民火星计划带来了加持效果，汇聚了更多人气，带来了更多销量。

互联网思维为社会带来了极大的改变，用互联网思维不仅可以买下月球，还可以卖掉火星。只有想不到，没有做不到，运用互联网思维，人人都可以买下月球。

如何用互联网思维办一场春晚？

说实话，办春晚是一件费力不讨好的事，年年难办但年年要办，因为春晚已成为我泱泱大国的国家品牌，如果大年三十没了春晚，阖家团聚、太平盛世的气场要减弱许多。但为什么这样一场集全国娱乐大腕的、全世界时间最长的晚会，却往往得不到交口称赞，反而物议讥评多多呢？说穿了，是因为不对年轻人的胃口，而且现在很多年轻人不爱看电视。美国有个新词 Cord-cutter（电线切断者），是指那些根本不看电视的"千禧一代"；中国的很多 80 后、90 后租房时根本不安装有视，他们的业余生活是电子游戏、电子书、网剧、网络综艺、网红直播、短视频、微信、微博和各种社交 App……

如果要办一场年轻人爱看的春晚，那就必须用互联网思维：

首先这得是一场开放的春晚。话说 1983 年央视第一届春晚，有一个节目设置是观众热线点播节目，点播最多的居然是当时一首禁了好几年的禁歌《乡恋》；现场督战的广电部领导居然从善如流、响应民意，临时找来伴奏带，让李谷一加唱了这首歌；可见当时的文化自信和宽松气氛。

其次，这得是一场能够互动的春晚。年轻人天生爱表达，无评论，不新闻；无吐槽，不娱乐。从节目设置到演员选择，都得充分尊重年轻人的话语权。虽然众口难调，但大家自己票选的节目和歌手，无论如何都会听完。这样的春晚绝对不会只许赞不许弹，甚至可以开放弹幕，让年轻人一边看一边点评，这将给全国人民的除夕增加很多欢乐。

再者，这应该是一场放眼世界的春晚。中国现在已经是世界第二大经济体。除了中国，韩国、朝鲜、日本、越南、泰国、新加坡、印度尼西亚等国家都过春节；美国驻亚洲的大兵也会和当地军民联欢过春节；2017年美国国会的20多名亚裔议员联名要求庆祝农历新年；英国首相特雷莎·梅以及特朗普之前的美国总统都会在春节前发表祝贺亚裔新年的贺词……中国的春节已成为世界的黄金周。所以我们的春晚应该像双十一晚会那样把整个地球的娱乐圈都请过来，什么好莱坞、宝来坞、韩星、日星、巴西球星……八方来仪，万邦朝贺，才能体现出我们的大国新气象。这样的春晚一定会宾主尽欢、老少咸宜，赢得满堂喝彩。

只是，这样的春晚，要等到哪一年呢？

2. 反周期生存：耐克的移动互联网社交战

萧条总是不期而至，对于中国的体育用品行业，其衰退却比任何行业都来得更早些。2008年以后，奥运红利尚未兑现，中国的体育用品行业就在电商和经济周期的双重压力下急剧下挫。2010年，中国体育用品市场增长幅度旋即跌至15%，多米诺骨牌效应在体育用品行业陆续上演，销售受阻、库存暴涨、股价大跌、关店潮接踵而至。在关店潮最为激烈的2012年，李宁、安踏、匹克、中国动向、特步五大国产运动品牌一度关店5 000多家，至今余波不断。

运动品牌的关店潮可归因于电商渠道的优越性给实体门店实施的降维打击，但运动产品市场的全线衰退不只是实体门店渠道弊病爆发的结果。其中的原因除了运动用品产业在奥运关头的过度投资带来的供给过度饱和外，还与国产运动产品模仿国际品牌发展模式、产品款式，进行贴牌生产，导致产品同质、款式雷同有莫大关系。

值得一提的是,在运动用品的全行业衰退浪潮中,耐克虽然也遭遇危险,但并未像中国运动品牌一样焦头烂额,失去阵脚。根据耐克公布的 2017 年三季度财报显示（2016 年 12 月 1 日—2017 年 2 月 28 日）耐克实现营业收入 84.32 亿美元,同比增长 5%；销售增幅最大区域为大中华区,增长 15%,收入为 10.75 亿美元。耐克能够在衰退大潮中力挽颓势,得益于耐克在全行业的危难关头伸出一只手来布局数字营销战略和社交战略,借用互联网工具打通线上线下,研发软硬结合的新产品,实现商业升维。

抓住核心运动人群

与国际运动品牌市场相比,中国市场存在一个特殊之处：中国的运动品牌直接竞争对手除其他运动品牌,外还有休闲时尚品牌。对于大多数中国消费者而言,购买运动鞋、运动服并非是为了进行体育锻炼，更多运动产品被当作日常休闲装。但随着以美特斯·邦威、森马等为代表的泛运动时装鞋类品牌在奥运会后崛地而起，专业运动品牌市场被迅速分流，耐克、阿迪达斯、李宁等专业运动装备提供商的市场份额被瓜分。

但耐克并不认为这是危机的加重，这反而为专业运动品牌筛选出了真正热爱运动的核心精英消费人群，这类人群来自一二线城市，消费能力强，虽然市场体量较小，但城市核心运动人群带来的市场潜力更大。而耐克要做的就是通过互联网为这部分人群提供高品质的运动产品、社交、服务，搭建一个运动生态圈。

开展数字社交营销

耐克首先从广告投放策略入手，在 2012 年，耐克即不再在电视上大规模投放广告，缩减 40% 的传统媒体支出，转而将费用用于开展数字营销和社交营销。耐克利用诸如脸书、QQ、YouTube、推特等以及当地市场最适合的社交平台，在全球建立各种形式的分类社区。例如，耐克通过社交网络开展的"绿荫征程"活动中，要求各地的青少年在社交网络上传一段展示足球天分的视频，耐克则根据他们的表现及视频吸引的粉丝人数和活跃度，选择 100 名青少年运动员进入英格兰超级足球联赛进行高水平足球训练，而最终参与者可以获得耐克的奖金、运动装备及职业合同。

开发软硬结合的产品

早在国内小米手环等智能运动佩戴设备尚未面世时，2006年耐克就开发出内置传感器的跑鞋，这个价值30美元的传感器可以实时监测你的跑步速度、距离、热量消耗情况，这些数据会通过你手机上或iPod上的耐克应用程序报告给你。随后的2008年耐克又相继推出智能腕带，除了能够记录跑步速度、距离、热量消耗情况，它还能够为你绘制一幅完整的跑步路线图。

在2010年国内运动品牌断崖式下滑之际，耐克设立的新部门——耐克数码运动部，来研发更多的智能化软件和运动硬件相结合的产品，当年年底即推出了"Nike＋训练鞋"和"Nike＋篮球鞋"。"Nike＋训练鞋"可以根据收集的运动数据为用户指定锻炼计

划;"Nike＋篮球鞋"除能够指定运动计划外,该应用还能为用户拍摄运动视频,记录运动过程中的精彩片段。

建立运动社交圈

以跑步运动为例,跑步是一项孤独的运动,对于多数都市人来说,有跑步运动的心却碍于跑步需要忍受孤独,往往是兴致勃勃地开始、了无生趣地结束。而耐克要做的就是让想跑步的人找到组织,找到有跑步意愿的圈子,大家一起跑步,让跑步变成一件可以结识新朋友、维护老朋友的事情。

基于前期研发的智能运动装备,耐克组建了"Nike＋社区"。智能运动装备记录下的关于用户的运动习惯、运动频率、运动时间、运动路线图,为耐克建立运动社交圈打下基础,用户可以通过自己的位置找到邻近的运动群体,或者通过关联社交平台脸书和推特分享自己的跑步路线图并通知好友,召集更多的好友一同运动。运动社交圈通过自发组织的力量提高了用户的运动频次和质量。

运动数据库为耐克创收

一台单独电脑带来的价值很有限,当世界上的所有电脑通过互联网连接在一起,红利便产生了。这也是耐克的逻辑,当一双双智能运动鞋、智能手连接在一起,社交红利便产生了。

智能运动设备积累的用户运动频次、时间、集中位置等数据,为耐克带来巨大的商业价值。耐克可以在跑步运动更为集中的区域开设门店,让门店位置更加合理,并指导经销商在指定位置进行销售活动;同时,通过记录用户跑鞋的公里数,为用户推送新鞋购置信息。比如,当一双跑鞋已经跑过300公里~500公里时,用户会收到耐克某款新上市跑鞋的广告,从而实现精准销售。在广告投放方面,耐克大数据为广告投放提供指导,在体育运动人群更为集中的地点投放广告,实现广告的精准到达。耐克大数据还为新产品的开发提供最可靠的市场依据。例如,当城市夜跑人数暴增,耐克可以第一时间抢占市场先机,向市场推出具有荧光和发光功能的跑鞋。

卖"运动鞋"不如卖"运动"。在运动行业大萧条中,基于智能运动设备,耐克建立了一种"用户+终端+数据+社群+大数据"有机结合的商业形态,服务核心运动群体,形成了运动生态圈,激活城市人群的运动意识,让想运动的人找到组织。用户赢了,耐克自然就赢了。

3. 解密美国创新生态：硅谷凭什么孕育出那么多"独角兽"？

世上只有两种力量：利剑和思想。从长而论，利剑总是败在思想手下。

——拿破仑

独角兽是传说中世所罕见的一种神兽。美国投资人把那些创业不久、市场估值超过10亿美元的公司称为"独角兽公司"。硅谷是美国孕育独角兽公司最多的地方，这里聚集着全球最顶尖的科技精英，苹果、谷歌、脸书、推特……无数拥有重大影响的产业巨头都在这里诞生。充满活力的创新机制，引得全世界纷纷效仿。有人把硅谷的成功归结为教育发达、资本集中、法规完善、软硬件出众……但照猫画虎，上述条件在其他地方被复制后，却没能出现同样的奇迹。人们不禁好奇，是什么成就了这片梦想与财富的应许之地?

任何有生命力的持续创新,都必然对应内在自足的生态结构。与秩序稳定、批量复制、预设结果不同,硅谷的创新生态强调最多的是未知和多元,强大的包容力孕育出无限可能——阳光、空气、水分、温度,还有土壤。任何一项环境指标的变化,都意味着全新的生命条件,以及由此而来的全新物种。在貌似野蛮、混乱的秩序中,不同价值的生态链环环相扣,适宜的种子相互碰撞破土而生,经过激烈竞争最终成就参天大树。

顽主

"顽主"在北京话中指闲散勤恳,把"玩"当成正经事,玩得认真且有影响力的人。由于不按套路出牌,他们一般都是引领潮流的创新奇葩;也因为敢于打破规则,不预设结果,而拥有无限的想象力和创造力。被誉为硅谷狂人的埃隆·马斯克就是这样一位顽主——身负洪荒之力,31 岁成就亿万富翁,正逢盛年立志改变世界。

作为 PayPal、特斯拉、Spacex、SolarCity 四家公司的大 boss,埃隆最被人热议的,除了炫酷豪拽的特斯拉电动车,当属 Spacex 的火箭发射。埃隆·马斯克不仅是世界上第一个私人火箭玩家,而且把火箭的发射成本由每次几千万美元降到几十万美元,由于发射成本低,连美国的 NASA 都找他负责为宇宙空间站运送物资。2016 年 4 月,Spacex 实现了人类历史上首次海上火箭回收,世界为之瞩目。而 Spacex 的下一个目标更是激动人心——2020 年送人类登陆火星,并且建立移民城市。《纽约时报》评论埃隆是钢铁侠,然而他确实曾经客串过该部电影。此外,埃隆还参与音速运动的高铁列车的设计研发。

顽主的事迹远不止这些,因为看不上美国所有的学校,他曾专门建立一所学校,以培养自己和公司高管的孩子。在这个只有 20 个学生的学校网站上,有这样一句话"这间学校只收天才"。永远年轻,永远热泪盈眶,埃隆的世界从没有什么是不可能的。人们的传统认知可能认为枪打出头鸟,但约定俗成的批量复制对创新来说没有任何意义。只有保持开放的心态,敢于挑战一切权威,才能以特立独行的姿态站上风口。

互撩

现实中,人与人之间的信任很多时候需要刻意维系才可保持。但在硅谷,仅一面之缘就成为亲密伙伴的例子不在少数,这可能是一种能量之间的相互吸引,也源自当事双方无条件的欣赏信任。一句话,看对眼很重要。

马克·安德森是硅谷有名的投资教父,身兼脸书和推特两家巨头公司的总顾问。由于横跨创业、投资领域,且久负盛名、资历深厚,他的观点被视为创投圣经。其实他在做风投之前,还有一个重要身份——网景公司创始人。时间追溯到20世纪90年代,24岁的马克开创了网景公司,其所属产品Mosaic浏览器被认为揭开了互联网时代的序幕,市场份额一度达90%以上。但随着与微软IE的竞争失利,网景在1998年被AOL(美国在线)以42亿美元的价格收购,而马克也转身为投资人。

时光荏苒，岁月如梭，转眼到了 2005 年，在硅谷的一间餐厅，当时还略显稚嫩的扎克伯克见到了马克。初生牛犊不怕虎，小扎漫不经心地说道"网景是干什么的?"马克闻此佯装恼怒，而小扎则急忙告饶"大哥你别生气，人家那会还是上初中的宝宝呢"。就是这样一段对话，使得马克对小扎大加赞赏，并不无得意地对旁人夸耀道"硅谷的大无畏精神终于回来了"。其实他们还有很多相同的爱好，比如都喜欢 T 恤、短裤和拖鞋。这段机缘使两人一拍即合，马克由此加入了脸书的董事会。据统计，在美国有 800 多家风投公司，2014 年它们共向市场投入了 480 亿美元，以期寻找科技圈中传说的"独角兽"。而如果其中任何一家独角兽可以成长为像谷歌或脸书那样的巨无霸，投资人将会得到数以千倍的回报。

作男

漫步脸书总部的中央广场，人们会发现它的正式名称是"黑客广场"，这不禁引起人们对于黑客文化的一连串想象。在硅谷有人把黑客比作艺术家，因为他们代表了程序员的最高功力等级；同时，作为互联网世界中最能"作出风格，作出水平"的群体，黑客在发动攻击时，凭借的是创造性思维，而非一般的技术积累。

凯文·米特尼克可谓最富传奇色彩的世界首席黑客作男，在他 15 岁时就破解了北美空中防务指挥系统，并将窃得的有关美国指向前苏联及相关盟国的核武资料随意向小伙伴们炫耀,其故事原型还曾被搬上好莱坞荧幕。包括美国国防部、美国国家税务局、纽约花旗银行等众多等级严密的网络系统曾被其轻易戳破,凯文因此也被FBI通缉并锒铛入狱。据传,凯文在受审期间有次提及计算机曾流下热泪,这引得一名当事人不由发出感慨:"电脑与他的灵魂之间好像是一种生命的依附,就像脐带相连一样。而这也许就是他可以在计算机面前成为巨人的原因。"在此,说"赤子之心"应不为过。

像很多金盆洗手的黑客一样,出狱后的凯文担任多家互联网公司的安全顾问,并且开始著书立说。在凯文看来,正是敢于打破常规、颠覆世界的黑客精神、成就了今天的互联网世界。外表平淡、内心狂热、不看重金钱,是硅谷黑客的标签。当被询问为何要成为一名黑客时,他们的回答出奇一致——"我想要改变世界。"

偏执狂

2016年3月21日,按照惯例,这一天是"世界森林日、世界睡眠日、世界儿歌日……"但其实,这一天还发生了一件更重要的事:具有传奇色彩的英特尔前CEO、被誉为硅谷最伟大的偏执狂,安迪·格鲁夫离开了这个世界,享年79岁。

格鲁夫于20世纪30年代出生于布达佩斯的一个犹太人家庭,幼年曾遭受过纳粹统治,后辗转移民美国。1968年,格鲁夫与罗伯特·诺伊斯、戈登·摩尔共同创办了后来声名显赫的英特尔公司,这三人被并称为英特尔全盛时代的"三位一体"。虽然个子不高、其貌不扬,但因为脾气火暴,格鲁夫在硅谷是出名的铁腕人物。据说有一次他对一名女员工发火,"如果你是男的,我会打断你的腿";还有一次因为员工开会迟到,暴怒的格鲁夫顺手拎起棒球棒就往会议桌上砸。在他的带领下,英特尔在激烈的行业竞争中始终贯彻着强大的执行力,为硅谷开创出名噪一时的企业狼文化。有媒体将格鲁夫评价为美国最严厉的老板之一,以至于有人评价道:"如果他母亲碍着他了,他也会把她解雇掉。"据统计,格鲁夫担任英特尔CEO的十年间,公司对投资者的回报率平均每年高达44%。

20世纪80年代,美国电子业遭到了来自日本的强大竞争。作为应对,格鲁夫推出了著名的"125%解决方案",即要求员工超负荷发挥效率,公司所有员工每天上午8:10签到,全天工作10小时,这让很多员工难以接受,有人甚至在头上绑布条来发泄不满。彼时,格鲁夫带着浓厚的匈牙利口音为员工做动员:"英特尔是美国电子业迎战日本电子业最后的希望。"闻者无不动容。但面对时代的冲击,英特尔终究无力回天。1984年英特尔的存储器业务衰退,产品大量积压,为了扭转困境,在格鲁夫的带领下,英特尔开始向"微处理器"转型,并在1992年成功逆袭,成为当时世界上最大的半导体企业,同时也成为世界计算机产业的带头大哥。

1996年,格鲁夫根据自己的经营理念出版了享誉全球的著作《只有偏执狂才能生存》,文中写道:"我常常笃信'只有偏执狂才能生存',只要涉及企业管理,我就相信偏执万岁。企业繁荣中孕育着自我毁灭的种子,你越是成功就越容易遭到对手的攻击,最后可能一无所有……为了自己的生存,公司所有人员都必须一直处在偏执状态……穿越战略转折点为我们设下的死亡之谷,是一个企业必须经历的最大磨难。"

先知

提到英特尔,不得不提大名鼎鼎的"摩尔定律",这是由英特尔的创始人之一戈登·摩尔最早于1965年提出(后经过修正)的一则规律。它主要讲在电子信息领域,每两年相应的技术性能会翻倍,而成本则降为之前的1/2。事实证明,这条规律以极强的预见性,清晰指明了网络时代的发展规律。无独有偶,人们在参观英特尔公司时,会对那里的一个职位"首席未来家"感到好奇——未来的东西看不见摸不着,为什么要花大把力气费这闲工夫?资本家真的人傻钱多吗?

有人说,"平庸的企业用过去两年推出未来两年,而伟大的企业用未来一百年倒推出现在。"事实上,伴随网络时代的技术爆炸,我们每个人都自觉或不自觉地被裹挟进飞速变幻的时间流中,任何看似遥远的未来都可能转瞬成为现在。在此情况下,谁能站上更高维度,成为宗教神话中的"先知",谁就能抢先一步,占领制高。

人称KK的凯文·凯利就是预言未来的一把好手,这是一个据称27岁时,在耶路撒冷经历过"精神死亡"的传奇人物。作为网络时代的"游侠",他曾备受乔布斯的追捧,其著作《失控》《科技想要什么》《技术元素》《必然》对网络时代人类社会的组织构成和未来发展做出了翔实、缜密的预判。据称,电影《黑客帝国》描述的即是KK对于未来的某种论述,而KK的著作《失控》还曾是该片导演指定给演员的必读书目,包括虚拟现实、云计算、物联网、社群等在内的众多命题都可在该书中得到印证。

所有的遥远只为到达,凭借这股对生命形态的前瞻,大洋彼岸的"先知"们引领硅谷企业把思维视角提升到狭隘商业之外的更高维度。生命进化、历史未来、社会组织、智慧文明,硅谷的企业在技术爆炸的洪流中,以空前的情怀和想象,实践着人类从未有过的创新之路。

4. 新浪再生，微博的三大战略和三个风口

从传统互联网向移动互联网，再向智能互联网转型的过程中，很多曾经叱咤风云的互联网公司开始掉队。当雅虎将其核心资产以48亿美元卖给Verizon时，这个传统互联网时代巨无霸的陨落不禁使人唏嘘，而在中国，新浪却成为一个成功转型的样本。新浪是中国传统互联网时代的代表，是中国互联网的第一门户，现在又凭借着微博的二次崛起，重新回到了中国互联网的中心舞台。

在2016年四季度及全年财报中，微博用一次次超预期的财报数据表明，在经历了前几年的沉寂以后，这家全球最大的中文社交媒体平台于2016年迎来了大爆发。微博财报数据显示：2016年，微博月活跃用户全年净增长7 700万，于年底增至3.13亿，移动端占比达到90%。微博全年总营收同比增长45%，达43.83亿元人民币，全年净利润大幅增长180%。在微博的强势推动下，新浪全年营收首

次突破 10 亿美元。

用新浪董事长兼 CEO、微博董事长曹国伟自己的话说："全年营收超过 10 亿美元，这对整个新浪而言是一个重要的里程碑。微博已经证明了自己的社交平台价值，以强大的网络效应巩固内容生态系统，同时在中国互联网空间构建一个更为互通、资讯丰富和更具吸引力的社交群体。"

在门户网站式微之际，新浪成功转型。微博浴火重生，从媒体功能转向广场社交功能。网红经济、娱乐经济使新浪微博重新成为广场社交入口，聚集了大量的粉丝。

微博的三大战略

微博的二次崛起并不是一蹴而就，甚至可以说是卧薪尝胆。在 2013、2014 年微博普遍不被外界看好的低谷之时，曹国伟制定了移动化、垂直化和多媒体化三大战略，从用户体验、内容生态和商业化等多个角度为微博的发展制定了方向，现在看，正是这三大战略推动了微博再度崛起。

其实早在 2013 年底，微博即将上市之时，新浪的掌门人曹国伟就制定了移动为先的战略，时至今日，微博的月活跃用户中移动端占比达到了 90%，日活跃用户占比达到 93%，可以说，正是这种移动为先的战略，让新浪和微博提前抓住了移动互联网时代。移动化也体现在商业变现上，微博的移动端广告收入已经占整体广告收入的 68%，这一比例还在不断提升。

垂直化战略的推进，则让微博的内容生态更活跃。在门户网站时代，PGC 占主导地位，各种官方媒体把持话语权，引导用户。但随着移动互联网成型，自媒体逐步发展壮大，仅仅依靠 PGC 的内容产出，已经不能满足日益增长的用户需求。相比于 PGC，UGC 更符合社交化的需求，与用户产生紧密的关联。对微博而言，垂直化促使那些有内容生产能力的用户成为垂直领域的大 V，生产内容供其他用户进行消费。目前，微博的垂直化已经显露成效，20 个垂直领域月阅读量超过 100 亿，2016 年就新增了 9 个。此外，财经、电商、时尚、娱乐等领域已经领先开始商业化，微博也在不断巩固强化从内容生产到内容消费，再到商业变现的良性垂直生态。

借助多媒体化战略，微博的内容消费变得更加多元化。虽然微博早期是从推特演化而来，被称为"中国版推特"，但微博加入了九图，打开140字的限制，加入了视频和直播功能，成功转型成集文字＋图片＋视频＋直播的综合性内容平台。相比之下，处处都迟人一步的推特则在各方面都受到了挑战，图片社交被Instagram瓜分，短视频则被YouTube抢占，在直播方面也落后于脸书Live。这也迅速拉近了两者的活跃用户，截至2016年四季度，推特的月活跃用户为3.19亿，按照目前的发展态势，推特活跃用户规模大有被微博赶超的架势。

把握每一个风口

如果只有战略，而没有把握住时机，也不会有微博的二次崛起。网红经济、短视频和直播，2016年的三大风口全都与微博相关，甚至可以说是由微博引领，基于对行业发展趋势的敏锐判断，以曹国伟为首的高层成功抓住了这三个风口，使微博成为网红经济的孵化平台、短视频的创作和分发平台、直播的综合性平台，微博再次引发关注也就不足为奇。

我们来看一组数据，在2016年微博主办的超级网红节中，红人在半个月时间里共进行了6.88万场直播，有2.08亿人次在微博围观，点赞超过8亿次。6月16日在上海举办的超级红人节线下活动更是吸引了几乎所有叫得上名的网红到现场。电商大V@张大奕2016年在微博平台通过售卖服装类产品交易额过亿。毋庸置疑，微博已经是最大的网红平台。

短视频作为2016年内容消费的新趋势，也在微博上疯狂增长。微博已经达成了与超过200家的视频自媒体机构合作，四季度头部用户月发布短视频规模日均同比增长超过了200%，短视频播放量同比增长了713%。短视频的增长让视频广告成为吸引微博广告主的重要商业产品，在财报分析师会议中微博高层透露，视频广告收入占比已经超过广告总收入的10%，这也将驱动微博的商业化快速增长。

在直播上，微博几乎是国内唯一一家综合性的直播平台，聚集新闻、综艺、秀场等多种直播内容。特别是在新闻和综艺领域，微博独占鳌头。2016年第四季度，仅央视就在微博上发起了379场直播，较上季度增长40%。2017年跨年，微博与5家电视台进行了跨年晚会的直播合作，观看人次超过2 000万，微博互动总量超过4 000万，微博正在成为电视台增加收视人群覆盖的重要手段。在关注度很高的秀场领域，微博选择交给了一直播，从传播资源上给予扶持。公开数据显示，三季度微博直播的开播场次已经超过2 300万场，环比增长124%。

随着移动互联网的浪潮，微博的媒体功能弱化。微博成为网红孵化、全民电商和广场社交的平台。新浪的决策者把握住了移动互联网的发展趋势,打通了秒拍、小咖秀、一直播等新社交入口,紧紧抓住了年轻人市场,赶上视频化和全民娱乐化时代的浪潮。

与微博相比,微信是一个相对封闭的客厅社交圈,而微博是一个自由的、开放式的自媒体广场社交平台。智能化的好友推荐功能和针对性的内容分享,使微博的社交黏性进一步加强。

正如曹国伟在2017年新浪年会中所说的,在2016年,新浪微博一次又一次地打破人们最乐观的预期,一次又一次地创造新的纪录。毫无疑问,微博已经重新回到中国互联网的中心舞台。正是微博在发展过程中坚持了移动化、垂直化和多媒体化的三大战略,以及把握住了网红经济、短视频和直播的三大风口,才铸就了微博的二次崛起。

5. 海尔：传统企业互联网化的标杆

互联网时代，如何用互联网思维经营管理企业？从某种意义上来讲，海尔提出的"人单合一双赢"模式走在了前面。所谓"人"就是员工，所谓"单"就是狭义的订单。每一个员工都跟用户需求连接在一起，而且还双赢，员工要赢，用户也要赢。这个管理模式提出后，当时受到了国内很多学者的质疑，甚至有人出来说，海尔的这种做法违反了科斯定律，科斯定律说，企业内部不能有市场，

而海尔却鼓励企业内部有市场。对此，张瑞敏的回应是，科斯没有错，问题在于科斯时代没有互联网。

互联网时代，传统的管理模式已经被颠覆

全世界大型企业目前都在转型，都在强调互联网思维，而互联网思维中很重要的一点，就是传统管理模式如何在现代企业中运用。

现在不少企业在生产中还采用流水线作业；被称为"组织理论设计之父"的德国人马克斯·韦伯提出来的科层制，也叫"官僚制"，到现在还在为不少企业使用；法国人法约尔1910年提出的一般管理理论，也叫"职能管理"，到现在一百多年，还在为不少企业使用。在向互联网转型中，企业要认识到，互联网时代不同于以往任何一个时代，传统的管理模式现在不但过时，而且已经被颠覆。互联网给世界带来了巨大的冲击，世界管理大师德鲁克曾说过，互联网带来的最大的影响就是零距离。而零距离颠覆了一切。用户现在需要的是个性化，流水线只提供了大规模制造，互联网时代，企业要认识到必须从大规模制造向大规模定制转变。

过去信息不对称的主动权在企业手里，而现在信息不对称的主动权到了用户手里。零距离的时代，企业需要去两化：去中心化、去中介化。在零距离的情况下，如果还用马克斯·韦伯的科层制管理企业已经起不了多大作用，必须颠覆掉，让企业变成一个网络组

织。另外，现在的创业组织不同于以往，以前是他组织，而现在是自组织。在这样的情况下，法约尔的职能管理也已经没有什么用。

人单合一模式

关于海尔对人单合一双赢模式的探索，可以用以下三点概括：

第一，战略。人单合一把企业由封闭变为开放。传统经济时代是把企业做成帝国，而互联网时代则是把企业做成生态圈。人单合一模式把企业从原来封闭的体系变成一个互联网的节点。就好比一台电脑，连上互联网将无所不能，但如果没有了互联网，电脑将一事无成。企业也是一样，如果将企业变成互联网的一个节点，就可以吸收各种资源。有一句话说得好：世界就是我的人力资源部，世界就是我的研发部。在企业发展上，为什么要将企业与外部孤立起来呢？所以现在有一个说法，你离世界最远的那个对手的距离不会超过八分之一秒。

人单合一模式将企业由原来一个封闭的组织变成一个创业的平台，在这个平台上，所有的员工都可以进来创业。在美国被称为现代人力资源管理之父的戴维·尤里奇 2015 年到海尔，对张瑞敏提出的这个模式表示赞同，但是对于张瑞敏的"让每一个人都成为创业者"这句话有些质疑，他觉得这不可能做到，因为有的人天生就不可能成为创业者。张瑞敏对此的解释是：他并不是要企业内部的每

附录一 案 例

一个人都成为创业者，而是希望人单合一模式下的创业平台能吸引所有愿意成为创业者的人到这里来。

第二，组织。现在不少企业在组织管理上讲究扁平化，而海尔在组织管理上追求网络化。2014年，海尔去掉了一万多名中层管理者，在社会上引起了非常大的反响，张瑞敏到维也纳做报告的时候，很多外国企业家对此都表示很不能理解，没有了中层管理者，企业将如何进行管理？张瑞敏跟他们解释，去掉中层管理者，并不是将组织变成扁平化，而是要变成网络化，让组织可以吸收各种资源到企业。海尔现在没有领导，只有三种人：平台主、小微主、创客。在这样的组织结构下，员工从执行者变成了创业者，领导从控制型领导变成服务型领导。

第三，驱动力。企业的驱动力归结起来两个字：薪酬。薪酬代表了企业的发展导向。目前国外不少大企业都实行宽带薪酬制，以前海尔也用过，后来进行了改革。张瑞敏觉得在薪酬方面，不是企业给员工定薪，而是用户付薪。如果你能够创造用户价值，你就有薪酬；如果不能创造用户价值，你就没有薪酬。目前全世界企业的流程都是一样的，采用串联式（调研—研发—制造—销售）生产法，但海尔却采用并联式，研发不需要经过调研结果，而是听用户的，制造销售也不一定需要遵循前一流程，也听用户的。这样，每个流程都向着市场，最终目的都是创造用户价值。目前全世界的企业只有海尔这么做。

以小帅影院的开发过程为例：海尔的创业团队在网上发现，很多女性怀孕之后坐沙发不舒服，希望能躺在床上看天花板。创业团队把这个信息集中起来后，在全球寻找有没有能照到天花板上的技术。很快，硅谷的一家企业表示，他们那里有这种技术，可以提供给海尔，软件问题解决了。接下来还需要找关键部件，在网上一搜索，美国得州一家企业生产这种关键部件，硬件问题又解决了。接下来是制造，这个问题怎么解决？创业团队后来找到了国内武汉的一家企业，让他们来组装。这样，软件、硬件、组装的问题都解决了，运用整合资源的方式，来生产新产品，创造用户价值。

海尔内部有个第二曲线理论，任何事业在发展到巅峰的时候一定会下降。如果在硬件上做到了最大，接下来必然会迎来下降，下降后就要走第二条曲线，进行第二次创业。正是基于这样的认识，海尔才鼓励内部创业。实践证明，这种内部创业平台模式，在保证了平台创业团队的活力的同时，也保证了海尔的活力。

人单合一有可能是下一个社会模式

相比于国内的质疑，国际上很多著名的大学以及商学院对张瑞敏提出的人单合一模式表示出了极大的兴趣，很多顶级商学院将其做成了案例，哈佛商学院将海尔的这一变革案例命名为"海尔：与用户零距离",他们认为,这是互联网发展的一个方向。2016年6月份,张瑞敏到哈佛商学院,商学院的很多大牌教授前来与张瑞敏探讨人单合一模式。哈佛商学院的教授尝试用传统经典管理模式跟人单合一模式靠,发现,不论是薪酬还是用人管理,都不牢靠。虽然一些地方还有些不好理解,但他们觉得,人单合一模式是互联网时代发展的一个方向。哈佛商学院的"海尔:与用户零距离"这一案例被评为2015年最受师生欢迎的一个案例。

2016年11月,在奥地利维也纳召开的一个德鲁克论坛上,与会很多专家学者企业界人士都认为,人单合一模式可以解决欧洲很多大企业官僚主义盛行的问题,甚至是彻底解决这一问题非常有利的武器。一个学者还表示,人单合一模式很有可能成为下一个社会模式。

人单合一可不可以国际化?

海尔曾经兼并了日本的三洋、新西兰的斐雪派克,这些公司目前都已经接受了人单合一的管理理念。在一次采访中,张瑞敏对《财富》杂志的记者说:"我们的兼并并不是强制要求他们接受我们,我们是沙拉式的管理,各种蔬菜都保持原来的面貌,但沙拉酱是统一的,这个沙拉酱就是人单合一。"

人单合一能否接受国际化考验,这是海尔现在面临的挑战。

2016年6月,海尔兼并了美国通用电气家电部。美国通用家电有120年的历史,张瑞敏在和通用家电500名高管的见面会上,一群高管站起来问张瑞敏,海尔兼并了通用家电,以后张瑞敏就是他们的领导,他将怎么领导他们?这里的潜台词是,海尔曾经是通用家电的学生,如今学生要领导老师,试问有这个能力吗?对此张瑞敏回答得很干脆:"我兼并了你,我是你的股东,但我不是你的领导,你的领导和我的领导都是同一个人,就是用户。通用家电120年来只有顾客没有用户,顾客是匿名的,而用户是有名的,我们要一起用产品吸引更多的用户。"

哈佛商学院教授约翰·科特专门派一个小组到通用家电做调研,他对张瑞敏说,美国的大企业很僵化,如果海尔能将通用家电转变过来,那么人单合一模式就可以是全球化的、国际化的。

海尔如何炼成蓝V教主?

海尔的人单合一战略既带来了管理模式和生产模式的创新,也搭上了粉丝经济的快车。通过在社交媒体上的深耕,海尔官微已经成为人气网红,堪称企业新媒体运营的典范,网友赐名"80万蓝V总教头"。

见过太多高冷的官微,海尔的微博账号算是给企业的"不正之风"开了个先河。海尔的一个重要任务就是帮粉丝@大号表白,炎亚纶、张继科、张艺兴、易烊千玺、盛一伦、胡歌等人气偶像都被海尔官微@过。现在很多企业最喜欢做的是抢热点，发借势海报，但是这些已经out了，海尔官微擅长抢热评。很多热点微博的评论区能看到海尔的身影。唐嫣、罗晋公布恋情，海尔评论"啥时候成亲？需要冰箱空调洗衣机么？"带动了一大波品牌商蹭热点的节奏。如此贴心、逗比、接地气的官微给粉丝带来了极大的好感。

不仅如此，海尔官微还成功地把粉丝变成了产品设计师。2016年1月，故宫淘宝的一位粉丝@海尔说，海尔能不能生产一款冰箱叫"冷宫"，我吃的剩饭剩菜都可以"给朕打入冷宫"。没想到海尔官微在第一时间转发了他的这条微博，并回复"容我考虑考虑"。这样热心的企业官微还是第一次见，粉丝反响很热烈，纷纷出谋划策，提出了很多宝贵意见。在粉丝的帮助下，海尔官微在24小时内把这款产品的工业设计图晒到了网上，7天内通过3D打印技术把它送到了这个用户面前。这款冷宫冰箱成为海尔官微转型的标志性事件，从此海尔官微便走在了"粉丝定制"的康庄大道上。之后，海尔还为粉丝定制了一款便携式洗衣机——咕咚手持洗衣机，从创意到产品设计，都是粉丝支招，产品预约量当天就突破40万，半年之内卖到了20万台。

为什么那么多企业开通微博、微信，但是只有海尔抓住了社交媒体时代的精髓？这要先从管理架构层面上，海尔官微与传统企业官微的区别说起。在传统企业里,社交媒体平台是企业的"手",而非"大脑"。微博上发什么,由管理层,也就是"大脑"决定。换句话说,在传统企业内部,微博是企业的附属平台。但是海尔官微拥有自主决策能力,从 2015 年底开始,海尔的新媒体运营从海尔独立出来,自负盈亏,面对粉丝的问题能够快速给予反映。海尔官微是"大脑",而非"手"。人单合一为海尔官微的个性化运营,奠定了管理上的基础。其次,海尔官微所扮演的角色不只是企业形象展示和内容窗口,在粉丝经济时代,海尔将自己与用户的关系进行了重新定位,从单一的、商业意味浓厚的"产品交换关系",转化为"粉丝的忠实服务者",这极大地拉近了和粉丝的感情。甚至海尔的官微团队没有 KPI 考核,全看粉丝评价。粉丝即用户,谁讨好了粉丝,谁就拥有市场。

弯道超不了车,只有换道才能超车

时代在变,商业模式也都是实时地、随着时代的发展而变化。原来所有重复使用的商业模式只适用于传统经济时代,在互联网时代,一定要有所探索。有一句话张瑞敏不太赞成:弯道超车。他觉得弯道超不了车,因为弯道上的规则是别人定的,另外在弯道上,别人要减速,难道你就不减速?所以弯道很难超车。张瑞敏觉得应该换一个字,改为"换道超车"。传统时代的道路,到了互联网时代,用互联网的道路可以超越。

6. "京条计划"带给我们的启示

2016年,京东与今日头条举行了战略合作发布会,共同推出"京条计划",正式宣布牵手合作。这是京东继牵手中国最大的互联网综合服务商腾讯、联姻国内线下实体连锁超市零售企业永辉、结盟世界连锁零售巨头沃尔玛等大动作之后,再一次的强强联合之举。这一次的牵手对象是中国最大的移动资讯分发平台——今日头条。

移动互联网时代,今日头条异军突起,拥有5.5亿累计激活用

户、每日活跃用户超6 000万、单一用户日均使用平均时长达76分钟、每天内容阅读总数是19.7亿次,其中阅读头条号的有18.3亿次,占比超90%。中国收入规模最大的互联网企业京东商城和中国用户数最多的资讯分发平台今日头条联手合作,共同推出"京条计划",意欲何为?

移动互联网流量中心分散,铸成变现困局

"京条计划"的模式是:在今日头条上设置一个一级入口(京东特卖),再通过对双方庞大数据池的分析实现精准广告投放,同时激活用户兴趣价值,放大消费场景,从而增加用户的黏性。

在解读京东与今日头条的合作之前,我们先回顾移动互联网对PC互联网的冲击,以及移动互联网的变现困局,是十分必要的。

在PC互联网时代,流量中心少且集中,屈指可数的流量中心便是几大门户网站及单一的搜索引擎,在PC互联网的流量中心寡头时代,只要有流量(成规模的用户),流量变现不是个难题。这导致门户网站等少有的几个流量中心就成了"抢手货",以至于百度一个搜索引擎的营销收入体量就可以超过中央电视台;另一方面,成几何数增长的互联网用户进一步助推PC互联网流量中心,成为卖方市场。而这一阶段的互联网流量变现的最主要方式是通过广告。

很快,互联网强大的造富能力,使互联网技术加速发展,技术

和资本双管齐下，移动互联网时代到来，PC互联网的春天短暂而易逝。规模效应摊薄了移动互联网技术成本，资本催化剂促使移动互联网风口提早到来，基于社会生活场景方方面面的移动互联网创业项目呈现一片如火如荼的景象，不计其数的移动互联网应用如雨后春笋，资讯平台应用、生活服务应用、细分社交平台应用，应有尽有。

由于这些移动互联网应用多是借风口而起，举事仓促，很多移动应用并没有想清楚自己的变现模式（盈利模式），只知如何运营流量而不知如何盈利，是多数移动互联网平台、App的"七寸"之处。

PC时代的互联网处于流量卖方市场，通过广告盈利轻而易举，但移动互联网时代已经时过境迁，谋求通过广告变现，对于大多数移动互联网应用来说是刻舟求剑之举。

PC互联网身处流量寡头时代，但不计其数的移动互联网应用已经让流量中心分散化，移动互联网应用的流量呈现碎片化、个性化、去中心化、场景化的特征，这决定了移动互联网应用的广告价值不高。第一是因为其流量过于分散，单一应用用户数量有限，难以形成巨大的覆盖面积；第二是因为移动应用的多样化，使用户拥有更多的选择，用户对单一应用难以集中注意力，即用户会不断切换场景，进而使平台的活跃度和忠诚度锐减。

移动互联网应用的流量去中心化致使多数应用不具备广告营销

价值，这就导致多数拥有流量，同时拥有一定用户黏性的应用场景陷入变现（盈利模式）的困局。虽然今日头条是众多移动应用中的佼佼者，但身处流量买方市场的移动互联网泡沫背景下，同样也面临着变现的难题，即如何将流量优势转化为商业现金流，从而打造企业的造血干细胞。

京东开放电商能力，提供新的移动互联网流量变现方式

京东商城作为中国收入规模最大的互联网企业，截至2016年四季度其累计年活跃用户超过了2.266亿。作为电商平台，京东在各方面如商品、营销、金融、物流等都有着很强的电商能力。与此同时，从2015年整个互联网领域广告的分布数据来看，互联网广告分布状况是视频12%，门户垂直社交等25%，搜索38%，而电商广告已经达到了25%。也就是说，电商广告已经开始与"门户、垂直和社交、搜索"为代表的网络广告分庭抗礼，基于电商效果转化的广告模式已逐显锋芒。

在移动互联网去中心化、场景化、碎片化、个性化的趋势面前，所有互联网应用依靠广告实现流量变现已经是下下策。那么，移动互联网分散的应用和平台所具有的高黏性应用场景如何实现商业变现？

京东给出了除广告变现之外的另外一种可能——电商变现，即

整合移动互联网的高黏性流量优势和京东的电商能力，通过京东电商将流量变现。那么，京东是如何实现移动流量的电商变现的？

2016年3月22日，京东开普勒面世。京东开普勒项目是基于京东电商能力整合的生态开放战略，为移动开发者提供商品精选、电商交易、物流配送、分佣结算、技术支持等服务方案，搭建无线开放共赢生态圈。京东开普勒将京东的电商能力产品化和菜单化，开放给三类移动互联网应用：（1）拥有流量，但是变现能力尚达不到预期的移动客户端，例如社交类、工具类App；（2）拥有高黏性应用场景，但是不具备电商能力的移动客户端，例如垂直社区类、生活服务类应用；（3）已经具备电商能力，但是想进一步升级的合作伙伴，例如垂直电商、积分商城类应用。

通过完整的电商及技术解决方案，京东将为移动互联网应用补足电商能力，包括技术支持、平台运营、流程管理、用户体验。目前已经接受邀请的移动应用有：什么值得买、下厨房、电信积分商城等移动应用界大咖，京东开普勒也是"京条计划"的核心技术纽带，也是京东开放电商能力的技术基础。基于京东在供应链、技术、运营等电商全产业链上完整的综合实力，京东开普勒项目将会在去中心化的移动互联网大潮中，与合作伙伴共享京东高品质电商能力，为消费者构建场景化购物生活。

通过京东开普勒，众多的移动互联网应用将共享开放的京东电商能力，包括京东百万正品行货资源、顶级的物流运输能力、核心移动互联网技术和云服务能力、金融能力，进而让变现能力不足、但拥有高黏性应用场景的移动互联网应用实现电商变现。

京东的开普勒计划希望通过将自身积累多年的电商能力向合作伙伴开放共享，建立开放生态。

京东开普勒开放能力

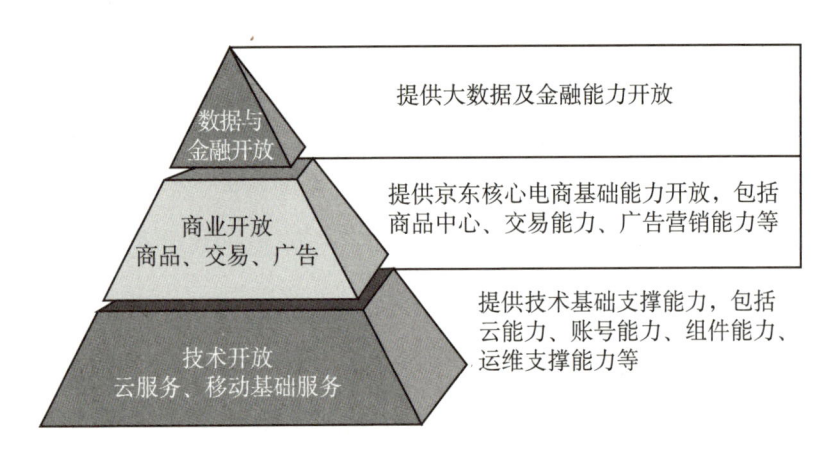

- 数据与金融开放：提供大数据及金融能力开放
- 商业开放 商品、交易、广告：提供京东核心电商基础能力开放，包括商品中心、交易能力、广告营销能力等
- 技术开放 云服务、移动基础服务：提供技术基础支撑能力，包括云能力、账号能力、组件能力、运维支撑能力等

"京条计划"主要达成三项战略合作关系

第一，今日头条对京东开放一级入口：在今日头条App"我的"版块内，为京东开放一级购物入口"京东特卖"，基于京东开普勒项目在今日头条内打通京东用户账号，为今日头条用户提供有优质体验的电商服务。

随着移动互联网时代的到来，消费者行为正迅速地往移动端转移。2015年,我国主流电商平台的PC端订单已被移动端超越,根据京东官方数据显示,目前网络订单量79%来自移动端。这一发展趋势,使得电商平台更加注重移动端媒体资源和数据资源的整合,而且也将有利于移动端将流量引入自己的电商平台。因此,京东与今日头条的战略合作,既是提升核心电商能力,也是企业未来发展趋势的需要。

第二,今日头条帮助京东和品牌厂商实现基于大数据的精准广告投放:结合京东与今日头条双方的用户大数据,为品牌厂商提供精准的电商数字营销;品牌厂商能够根据其与京东联合营销的需求,在今日头条上投放原生广告,达到品效合一的全链路营销闭环。

从门户营销时代、搜索营销时代,再到电商营销时代,数字营销形式也在不断地转换升级,在其发展过程中,基于对大数据的获取与研究尤为重要,对数据的融合转换能够使其更加精准地定位到目标客户。大数据的采集一直是广告业的一大壁垒,也是未来电商发展的必然趋势之一。大数据驱动着电商行业的发展,京东此前与腾讯的战略合作,也是对大数据的资源整合。二者深度合作,标志着精准营销时代的到来,打造一站式电商营销平台,将"社交+电商"完美融合。而京东与今日头条的战略合作中,今日头条的大数据是战略布局的重点,基于大数据能够精准描绘出用户画像,实现品效合一。让大数据更有价值的"京条计划"对"电商用户行为"

和"媒体用户兴趣"进行精准分析,通过京东和今日头条的大数据处理能力,可以获取广告主需要的精准人群;同时,京东也将精准人群放入头条用户池中扩展,在可设定精准度范围内找到最多的类似人群,实现高效营销推广。

第三,品牌厂商和头条号可以在今日头条信息流开展原生内容营销,实现商品消费和内容消费的深度结合:基于京东开普勒项目和今日头条的智能算法,品牌厂商能够针对消费者的阅读习惯,将信息资讯与商品在线购买深度结合,在缩短消费者的购买决策链的同时,提高品牌方的投放效率,而30多万头条号将作为发布平台,获得京东的电商品质背书而提高变现能力。

对于企业来说,传统的品牌广告投放,短时间内会带来一定的目标消费者,一旦停止广告投放,品牌的销售量将会有所下滑,而相比于传统广告投放,原生广告的投放更具有直接性、价值性、内容性、客户主动性。在原生广告的基础之上,加之以高品质的内容营销,通过多样投放形式和精准化内容的深度结合开创了内容营销的新时代,营造一种卓越的用户体验。简单说,就是让商品和广告变成一条有用的资讯,同时也为品牌厂商、消费者、整个移动互联网时代带来价值。

2015年,京东、腾讯共同发布"京腾计划",是基于"社交+电商"的新型营销方式,双方整合了京东的销售数据与腾讯的社交数据，颠覆传统营销方式，是平台、数据开放和自由流通的结果。那么2016年京东跟今日头条的"京条计划"则是基于"内容＋电商"精准营销方式的尝试，这究竟带来了怎样的价值呢？

在"京条计划"中，京东和今日头条分别贡献了自己最核心的竞争力：高品质电商能力、大流量入口与精准算法。双方贡献核心竞争力的根本目标，都是让流量产生更大价值。

"京条计划"的精髓是在两个超级平台上，帮助合作伙伴实现从广众到精众，从品牌曝光到品效合一的营销转变，完成消费者洞察、需求精准定向、立体资源整合、效果精确衡量、大数据指导、优质电商服务的生态闭环。

"京条计划"不仅仅是京东和今日头条一次深入的战略合作，还标志着，京东在创造了业内首屈一指的闭环用户体验之后，将全面开放自己的高品质电商能力，为合作伙伴和消费者创造更多价值。

从"京腾计划"的社交电商，再到"京条计划"的精准电商，京东不断布局企业发展战略，打破"数据孤岛"壁垒，营造共享生态，用大数据寻求电商发展的突破口。这也是电商未来发展的趋势，即智慧营销，未来电商的发展是智慧营销的时代。智慧营销让数据更有价值，也将推动创造更多的产品与消费者的连接。通过连接，电商平台将获取大量的用户需求，给予更好的用户体验，智慧营销将成为未来电商发展的新常态。

"京条计划"：移动互联网应用中的电商变现

京东给移动互联网应用提供的电商变现方案将以今日头条为样板工程，具有一定的示范作用。今日头条具有内容、算法、入口、流量分发等平台优势，拥有日活跃用户6 000万、月活跃用户超过1.3亿，号称为"最懂你的信息平台"；而京东在商品、技术、金融、物流等电商能力方面拥有核心优势。京东2016财年二季度财报显示，其当季交易总额达到1 604亿元。由此，京东的高品质电商能力和今日头条的大数据算法能力，是京东在"电商能力＋精准算法"领域发力的创新营销平台。

京东和今日头条的合作可谓是"内容产业"变现模式的一次革新，不仅提升了电商的效率，也让更多的内容、生活应用实现变现模式的突围。

移动电商的天然红利期即将结束，未来比拼的将是各电商平台把握消费需求、创造消费需求的能力。京东将自身的电商能力向更多的正在寻求变现路径的移动互联网合作伙伴开放，既帮助了移动互联网平台和应用打破变现困境，又进一步打造了共享、开放、共赢的电商商业生态。

智慧营销时代，互联网江湖版图生变

营销是一种将消费者引导到特定产品并产生购买的行为。随着智能手机的普及，这种引导行为变得更加多样。在数字营销早期的时候，属于门户营销。这一阶段主要以曝光为主，门户网站通过自身流量为品牌搭建一个品牌到达消费者的通道，实现了兴趣定向。之后，就迈进了搜索引擎营销时代。这一阶段，人们很大程度依赖搜索引擎，营销就是针对搜索引擎进行的活动，实现需求定向，并在整个网络上进行引流。

在数字时代，社交媒体和口头平台所携带的信息比传统广告更有分量，所以如果能够在所有相关的接口上传达信息，那么对企业来说效益将是巨大的。而数字营销仅仅知道顾客是哪些还远远不够，精准定位的内容推送才会让营销更有意义。那么在数字营销3.0时代，电商营销首先就要求精准的需求定向，然后进行高效的全网引流，通过对效果的精确衡量以及对消费者的洞察，实现线上线下整合营销。

营销的核心意义在于精准触达用户。京东与今日头条的联手也是开放了双方的核心能力（高品质电商能力＋大流量入口与精准算法能力），把电商用户的行为数据（基于京东年累计超过1.88亿活跃用户购买支付信息，利用京东大数据处理能力，获取广告主需要的精准人群；核心、意向、竞品、流失、自定义标签）与媒体用户的兴趣数据（基于用户阅读行为的大数据算法，将京东精准人群包放入头条用户池中扩展，在可设定的精度范围内找到最多的类似人群）相融合，做到数据的干净与精准，以实现互利共赢。

这次合作将会提升今日头条电商业务闭环能力，使今日头条生态内的合作伙伴受益，让"头条"更具价值。同时也为京东的品牌厂商提供更多流量入口，提高营销效率，提升转化率，为移动互联网行业带来更多价值。最重要的，通过融合的大数据能力与高品质电商购物体验实现"内容消费＋产品消费"，为消费者营造卓越的用户体验，这将会创造内容营销的新时代。

7. 共享单车后,汽车、飞机皆可共享,你想到的都能共享

共享单车已成当下炙手可热的"超级网红"。过去一年,共享单车市场竞争异常激烈,尤其在一线城市,小黄车 ofo 和橙色摩拜单车的竞争堪称"彩虹大战",而资本正是背后的推手,经济寒冬,资本

却对共享单车项目狂热追逐。截至 2016 年底，中国共享单车市场整体用户数量已达到 1 886 万，到 2017 年年底，用户规模将达 5 000 万。

群雄逐鹿，花落谁家？

资本加入混战后，共享单车迅猛发展：短短 14 个月，摩拜单车完成五轮融资，仅 2017 年初累计融资额已超过 3 亿美元。而 ofo 自去年 9 月获得滴滴的数千万美元战略投资之后，前不久又宣布完成 D 轮 4.5 亿美元融资，此举创下目前行业内最高融资纪录。有趣的是身为滴滴投资方的腾讯选择了摩拜单车；而滴滴却选择了 ofo。

市场火热也引来众多"搅局者"，导致单车市场发生了井喷式增长。共享单车行业里已有包括摩拜单车、ofo、永安行、Bluegogo 在内的 30 多家企业。在马化腾投资摩拜单车后，马云也迅速出手，与自行车运营商永安行宣布完成数亿元 A 轮融资，而且颠覆共享单车市场传统的押金模式，掀起了共享单车免押金的浪潮。

创新的商业模式

有一个这样的段子：土豪海选女友，给三个候选对象各一百元，让她们用最少的钱，把一个空的房间填满。第一个女生买了很多棉花，勉强装了房间的二分之一。第二个女生买了很多气球，装了房间的三分之二。第三个女生冰雪聪明，她花很少的钱买了很多蜡烛，温暖的烛光瞬间照亮了整个房间。然而，土豪选了胸大的那一个。

创业者在寻求融资的过程中常常大谈人生理想、社会情怀、价值观、优秀的创业团队，但是投资人最看重的还是商业模式：产品、市场、可复制性以及盈利模式决定了项目的命运。

任何一个成功的商业模式都离不开客户价值、企业资源、盈利模式三位一体形成的闭环链接。

共享单车之所以突飞猛进发展就是满足了客户需求，为用户解决了"最后一公里"问题。在使用共享单车之前，用户需提交身份证号、手机号等相关隐私信息，而且这一行为均由用户主动注册完成，不需要任何销售人员。不仅如此，在完成注册的同时用户还需要缴纳299元或者99元的押金。如此宝贵的大数据金矿令众多互联网企业食指大动。共享单车迎合了用户的需求，解决了用户痛点：短途打车难、出行不便捷……解决了用户"最后一公里"问题，满足了用户刚需。共享单车目前还有很大的市场投放空间，这也是多家企业不断烧钱"圈人"、"圈地"的原因之一。这也导致各地政府开始对共享单车进行管控。

共享单车企业的盈利模式有历史性的突破。不同于传统的押金方式，共享单车一车多押，平均每辆车会有8个用户把押金存留在App里。押金金额在99～299元之间不等。以299元押金为例，每辆车的押金近2 400元，如果市场投放量达到400万量，可以收到近100亿的押金，形成了巨大的"资金池"。就像保险公司一样，巨额资金会带来巨额利润，资本对共享单车的高估值是符合商业逻辑的。

助力单车产业链

从"彩虹大战"中受益的不仅仅是共享单车企业和用户，单车制造业也从这场大战中分得一杯羹，从制造商到零配件供应商都被激活。飞鸽自行车厂是ofo的供应商之一，ofo的月产量现已达到40万辆，订单总量占据"飞鸽"全年产能的1/3。未来共享单车的年投放量将超过2 000万辆，这让自行车制造行业迎来又一个春天。智能车锁是共享单车企业的核心技术，主要包括移动通信锁、蓝牙通信锁、机械锁，不仅防盗，还可以定位，智能车锁产业链也从中获益不小。

政府管制，会一管就死么？

随着共享单车市场的竞争白热化，质疑声也随之而来。在各大城市的道路上共享单车的命运似乎没有想象中那样顺利，甚至有人认为共享单车将会面临"公地悲剧"的命运。首先是损毁、盗窃案件频频发生，共享单车命运多舛：被扔下河、挂上树、卸座椅、被私人上锁、关进自家走廊甚至被人蓄意点火烧毁……满大街"缺胳膊少腿"的共享单车令人焦虑，有人把这些现象归因于国民素质。于是，政府"闲不住的手"开始介入，纷纷出台各种"管理规范"，北京灵境胡同等10条街道禁停，地铁口要有专人看管；上海地区共享单车使用三年强制报废,年满 12 岁才能骑;南京将划 50 个"绿底白框"停车示范点……甚至有专家建议应该根据社会需求宏观调控单车投放总量,建立车棚、停车桩等限制……

政府管制会管死共享单车行业吗?西方经济学家和社会学家的一项研究表明禁毒实际上提高了毒品的交易价格,结果导致更多的制毒贩毒。金融大鳄索罗斯一直反对禁毒,伦敦政治经济学院完成了一个对禁毒的研究,五名诺贝尔经济学奖得主共同得出结论:禁毒弊大于利。这说明政府的管制对任何一个行业都不是福音。

当政府还在为共享单车的管制问题头疼时,共享汽车却已经悄然亮相于北京、上海、广州、重庆、成都、武汉、杭州等十余个城市。车型还是小巧时尚的奔驰 Smart。消费者可以通过手机下单租用共享汽车,随叫随走,而租车费用却比城市出租车的运价还便宜。

通信自由的时代已然来临,出行自由的时代也一定会到来。在私人飞机最多的美国,有高端俱乐部已推出了共享飞机:只要你符合会员条件,就可和他人拼私人飞机飞美国东西海岸,甚至可以飞中美跨太平洋航线。只要需求强劲,就一定会有对应的广阔市场,共享经济领域会越来越丰富多彩、美不胜收。

附录二
对话

1. 张瑞敏私聊网红、网器、接班人,战略迷茫期互联网如何转型?
2. 对话陈年:黑天鹅频现,如何反脆弱?

1. 张瑞敏私聊网红、网器、接班人，战略迷茫期互联网如何转型？

在中国企业界，张瑞敏一直是个神一样的存在。从 1984 年空降青岛电冰箱总厂开始，张瑞敏执掌海尔这家集体企业已 32 年，而且迄今，张瑞敏仍精力充沛，思维敏捷，尽管外界对其接班人战略有各种猜测，但张瑞敏仍然没有任何"退位"的迹象。

十年前，张瑞敏曾为笔者的专著《品牌站：全球化留给中国最后的机会》作序推荐，并坦言"未来岁月，海尔将面临品牌全球化的激烈竞争，要成为掌握自己命运并影响世界经济的强势品牌，品牌战略更显重要。"

十年后的 2016 年初，我们共同的朋友吴天明导演的遗作电影《百鸟朝凤》在发行经费上遇到困难，当制作方找到海尔时，张瑞敏慷慨解囊赞助了《百鸟朝凤》的首映式。而彼时，吴天明导演已经作古，他和张瑞敏的唯一交集是 2002 年，吴天明导演以"海尔砸冰箱"为故事背景的传记电影《首席执行官》。

后金融危机时代，中国进入了一个战略迷茫期，低增长成为新常态。移动互联网大潮来势凶猛，传统企业如何转型？经典管理理论受到挑战；中国制造的大品牌也受到年轻化、小众化的裹胁和冲击；分享经济、O2O、网红、直播、个人 IP……新经济花样迭出。在这样一个时空膨胀、想象力爆发、可能性无限的时代，举国上下却都很茫然，我们仿佛集体失去了方向感。在这样的战略迷茫期，中国企业界的"大神"张瑞敏如何思考未来？谁会是海尔的新统帅？海尔如何战略转型？为什么要花重金收购通用家电？中小企业在移动互联网时代如何绝地求生？

恰逢 2016 年青岛国际啤酒节开幕，作为青岛啤酒的品牌顾问，笔者躬逢其盛。而此行的另一收获即是在青岛海尔，和张瑞敏先生做了一次深谈。

战略迷茫期企业该如何转型？

李光斗：中国的市场经济到了一个战略迷茫期，以前大家对怎么做市场、怎么做品牌有一个共识，但现在突然发现我们进入了一个多维的世界，移动互联网大潮让企业家感到措手不及，任正非也说华为进入了"无人区"，大家都没了方向感。就像我们参观海尔的发展历程，最后在网络化战略时代，海尔提出："企业无边界，管理无领导，供应链无尺度"。请问张首席，在这样的战略迷茫期，企业如何找到方向，海尔的下一步向何处去？

张瑞敏：移动互联网时代，为什么会出现战略的迷茫？原因很简单，就是我们所遵循的经典经济管理理论，都被互联网时代颠覆了。旧秩序被打破了，新的体系还没有完善。以前的品牌战略，是宣传导向型的，谁的声浪大听谁的，居高临下，以我为中心，向顾客灌输。传统经济是规模经济，规模越大，成本越低。市场份额越大，品牌就越强势。以我为中心，我有更多的顾客，我就是品牌，所遵循的就是规模经济，我的规模要足够。而现在是从规模经济变成社群经济，从规模经济上，你可以是一个名牌，但你从来不知道你的顾客是谁，因为你从来没有跟你的顾客交互，我强势地推出去品牌的宣传、品牌的故事之后，人家来买我的货，我把它卖出去；但你不接触顾客，你是一道一道的分销渠道。产品的生产者、销售者和消费者是分离的。但是现在我是社群经济，我一定要知道你是谁，你也一定要参与到我的品牌来，就像您这个《分享经济》（李光斗著，北京，机械工业出版社，2016）一样，既然要共享的话，我不跟你在一个平台，我怎么共享？从匿名顾客到有名有姓的顾客，可以交互的用户在这之间是完全不一样的。从传统经济到互联网经济，这不是一个鸿沟的问题，而是从地球来到了外太空，所以迷茫就迷茫在这里。原来的办法失灵了，也不知道新办法是什么，肯定迷茫。这是现实，但是对所有企业来讲，你继续迷茫等待，那你就死定了。你唯一要做的就是，赶快自己颠覆自己，改变自己，这个转变的过程是非常痛苦的。以前的经典管理理论，归结起来就是两条，第一是流水线，第二是科层制，这两条被颠覆了后怎么做呢？我去年（2015年）在维也纳给欧洲的那些企业家做了一个演讲，引起很大反响。所以你看不仅是我们迷茫，是全世界的企业都迷茫。我们把一万多名中层去掉了，没有科层制你怎么管理，没法管，科层制带来的最主要的功能就是协调性和一致性，每个企业可能是周一都要开协调会。还有一致，我们目标必须一致，这个是你来叫它一致。都到市场上可不可以，能不能协调？市场就给你协调了，用户就给你协调了，用户都不点击你，你就完蛋了。最早 2000 年的时候我在达沃斯，当时论坛的主题我印象很深，"让我们战胜满足感"。所谓"满足感"，你满足你昨天的成就，你原来所做的一切不实用了，当时还在想什么意思，其实就是指的互联网，所以在达沃斯路上我就写了一篇文章，《我看新经济》，当时我们提出的就是要么触网，要么死亡，不触网就死亡。到底怎么触，我们当时也很迷茫。但从那时候海尔就开始了互联网转型，一直到 2005 年 9 月份，我们提出人单合一，每个人要和他的利润结合在一起，到现在 11 年了，这十几年一直在探索一直在做，包括这次我们兼并美国通用电气的家电部。

海尔收购通用家电会成功吗？

李光斗：关于海尔高价收购通用家电外界有很多质疑，海尔收购通用家电这部分是出于什么样的战略考虑，对海尔的品牌会有哪些影响？中国企业收购洋品牌方面并不是很成功，包括 TCL 收购阿尔卡特，联想收购 IBM 也是有争议的。在世界经济下滑，大家认为

家电行业属于饱和的市场夕阳产业，为什么海尔会大手笔收购通用家电？

张瑞敏：海尔收购通用家电的意义在什么地方？原来的品牌价值就体现在产品规模化上，谁的占有率高，谁就是品牌。互联网时代，品牌体现在平台上，谁的平台有竞争力，谁就是品牌，品牌内涵发生了变化。对于通用家电来讲，其产品在美国是比较强势的，有很大很大的顾客群，对于我们来讲，我们就想把这个顾客群转化为用户群，转化成可以在我平台上交互的粉丝，这就是通用家电品牌的价值，能不能转好另说；但绝对不是因为通用的那块产品值多少钱，有多少销售额、多少利润，这个是次要的。想要在美国拥有很大的用户群，通用家电的品牌是个桥梁。

李光斗：海尔深耕美国市场多年，但市场占有率仍然是个问题，购买通用家电品牌后还会在美国市场力推海尔这个品牌吗？

张瑞敏：现在我们海尔品牌也在美国运作，和通用家电并列，但通用家电在美国有非常稳定的庞大顾客群，我们就可以在这个基础上建立平台，借船出海，建立和美国消费者的牢固关系。

张瑞敏也关心网红直播，年轻化、娱乐化是品牌的新方向

李光斗：刚才讲到社群经济，现在 80 后、90 后成为消费主流，他们对传统大品牌无感，更关注舶来的、小众的、互动型魄力品牌。那么，海尔如何和年轻化的消费者沟通？

张瑞敏：现在通用家电的产品就是不管你的客户多大年纪，它是一个载体、一个中介，如果没有这个，很难和年轻客户建立联系。我们去了通用家电以后，看到它也有一个专门对接各种小众产品的部门,众筹这些都有。我们兼并后希望把通用家电这块做得更大。现在通用家电有很多创意就是来自用户的创意,和硅谷的模式完全是一样的。所以说如果我们在美国建立这么一个中心,年轻这一代的小众消费群体就可以争取过来。我们自己当然也可以去做,但太慢了。

李光斗:海尔的品牌年轻化有哪些举措?张首席对于娱乐化传播,包括时下流行的网红、直播是否关注,有什么看法?

张瑞敏:网红、直播都是新生事物。品牌年轻化非常重要,战略上必须重视,我们要做的就是一个平台,在这个平台上吸引年轻人进来,要让年轻人进来之前,"趋之若鹜",进来之后,"不离不弃"。现在比如我们有做游戏本的"雷神",是年轻人做起来的,这些人上来之后,这个平台就会越办越大,"雷神"(海尔孵化的新品牌)开始做硬件,现在从硬件发展到软件,这和过去的方向不一样了。

李光斗:海尔兄弟的卡通形象和动画片曾伴随着一代人成长。如今海尔兄弟已经长大了,海尔曾为这对卡通形象在网上发起过"大画海尔兄弟"的征集活动,网友脑洞大开,有的甚至恶搞说海尔兄弟现在已成了"好基友"。海尔对此怎么看?

张瑞敏:这是一种娱乐化传播,新的海尔兄弟形象就借助了网友的智慧。互联网时代的传播是互动式的,让消费者兴奋,海尔乐见其成。

李光斗：海尔有一个高端品牌卡萨帝，您觉得卡萨帝算成功吗？目前处于哪个发展阶段？

张瑞敏：如果从传统品牌经济角度来讲，卡萨帝是成功的。传统经济的定义就是，你这个产品是不是受到用户的欢迎，你的收益率高不高，这两点上卡萨帝都做到了。

李光斗：卡萨帝现在也推出好多年。对海尔集团来说，有海尔这个亲生品牌，也有卡萨帝这个后天培养的品牌，现在甚至有了抱养的洋品牌通用家电。对于您来说，有没有亲近远疏之分？

张瑞敏：海尔和卡萨帝两个品牌是平等的。

李光斗：汽车品牌中雷克萨斯属于丰田，但雷克萨斯会隐瞒自己的出身，不会标榜自己属于丰田；像卡萨帝品牌，我看所有介绍里说是属于海尔的高端品牌，这是出于一种怎么样的战略考虑？

张瑞敏：卡萨帝和其他还不一样，我们其他品牌，有海尔小神童、海尔统帅，卡萨帝没有加海尔，但在做的时候会介绍它的出身是海尔，这个倒没有多大问题。问题在什么地方呢？卡萨帝现在所销售的目标并不是我们的目的，我们的目的是通过卡萨帝艺术家电和高端用户之间产生交互，现在仅仅是交易而已，问题是怎么样让高端用户参与进来、参与设计？

李光斗：海尔的未来战略中也提出要做平台、做生态圈。我注意到海尔也介入了农副产品销售的电商平台，除了家电，海尔会不会也介入消费者的生活类品牌？比如明年国家会开放食盐专卖，海尔会不会抓住这样的机会，也卖海尔牌高端食盐？

张瑞敏：海尔不会直接做"海尔"牌食盐，但我们可以打通食盐的销售渠道。比如海尔的智能冰箱，未来可能就是免费的，硬件免费成为一个渠道，我们会和比如生鲜、食品企业合作，通过智能冰箱购买这些食物，还可以进行管理，比如冰箱里有什么，什么东西要过期了，智能冰箱都会有显示。

定位理论是作茧自缚

李光斗：美国的定位理论在中国曾风靡一时。西方专家建议中国企业要聚焦：联想应该专注做电脑，格力应该专注做空调，海尔应该专注做冰箱；海尔品牌延伸得太宽泛了，摊薄了品牌的价值。您怎么看西方的定位理论？

张瑞敏：理论是灰色的，实践之树常青。定位理论是传统经济时代的产物，是让厂家以我为中心给消费者心智定位。在互联网时代这是作茧自缚。

张瑞敏的接班人现在还是个谜

李光斗：海尔的组织变革一直是非常成功的，而且不断在变，外界最好奇的问题是，张瑞敏会不会像李嘉诚一样90岁不退休？联

想、万科都有接班人,而海尔是轮值主席制度,您对接班人的思考或者未来的架构是怎样的?有没有退休压力?有没有接班人的培养计划?

张瑞敏:每个人都要退下来,这是肯定的,李嘉诚不会永远不退,也要离开,这是自然规律。我的压力是,我研究了全世界所有的交接班方式,我认为现在没有成功的,原因是你所有交接的是一个集权的体系,而不是一个创业的平台,所以我的任务,我的压力就是尽快地把海尔打造成一个创业的体系,创业的生态,由此,不管谁来接,都不会出现太大的变动。日本现在很多企业都不行了,有很多原因,其中重要的一个原因是,到了第三代了,没法持续第一代创业的那种精神。我到日本专门问过他们这个问题,他们说就是接班的问题。他们非常直观地说,是在这个公司里面、部门里面找个非常优秀的人,把这个人提拔出来以后到其他部门轮职一圈,但他只是了解了并不掌握精髓,所以当他接班的时候,他很难面对那种复杂的变化。企业就是以变制变,你不能以不变应万变,你不能战胜变化、赢得变化。美国也是这样的,我问过韦尔奇,我说你选的接班人怎么样?他说不怎么样,但其实他选人的那套程序非常非常复杂。这个问题不在于交班人,也不在于接班人,而是在于你交接的是这么一个集权的体系,也就是说,你这么大一个摊子,所有这一切都要集中在这一个人说了算,他不是神仙,他没办法。

李光斗:美国著名经济学家、1979年诺贝尔经济学奖获得者西奥多·舒尔茨认为,企业家精神,即企业家所具有的不满足现状、敢冒风险、进取开拓的精神,才是经济持续增长、企业快速发展的关键所在。想必张首席也认同这一点,企业家是创造财富的关键因素:把同样的生产要素资源交给不同的人会产生不同的经济变量。就好像当年如果不是把青岛电冰箱总厂交给您,可能结果会大不一样;但是,我们外界好奇的是张首席会不会找到这样一个继承人,就好像乔布斯找到库克一样,认为他能够传承自己。这个接班人计划海尔有没有?方不方便对外界透露?

张瑞敏:如果我们不是一个集权的体系,而是一个创业生态的话,那么这个人就会在生态中产生,我不会去选择或者指定一个人,他一定是在这么多创业者中冒出来的最有能力的那个人。

李光斗：赛马不相马。

张瑞敏：对。

海尔如何从电器到网器再创生态圈？

李光斗：中国企业家现在非常迷茫，在于中国现在进入一个高成本的社会，以前中国制造低成本是优势，甚至有经济学家在网上说，中国现在进入干什么都不赚钱的时代。在这样一个时代，张首席对中小企业家有什么建议？因为海尔当初也是整合了很多小企业一步一步起来的。这样的契机是否已经过去了？面对互联网时代，中小企业家怎么生存？电商竞争压力大，零售竞争压力大，新商机在哪儿？

张瑞敏：这个真的很难，我们自己也在探索，因为你说不挣钱吧，首先看看到底什么挣钱。过去名牌挣钱，因为名牌有溢价，所以传统时代要么成为名牌企业，要么成为名牌企业的代工者，而海尔一直坚持自主品牌战略。回想起来，中国非常非常多的企业都是给人代工，怎么可能有利润，利润卡在人家手里，人家叫你死不了就行，就是给你的利润非常微薄。这就是中国企业为什么现在都不赚钱；以前还能生存，那时候很多外国企业找中国代工，我们是世界工厂，现在人家把工厂挪到东南亚、墨西哥去了，连这点工作机会都没有了,当然很困难。在互联网时代我认为情况是一样的,你要么拥有平台,要么就被平台拥有。现在如果还不能够拥有平台,将来只能给平台打工。实际上现在很多企业算出来在电商上销售成本不比实体店铺低,但去掉仓储这部分之后,总的消费者感受价格比较低,也方便。所以说很多企业包括海尔在内,拥有平台谈何容易。但我们认为一定有后电商时代。电商是革命性的,一下子把实体店解决掉了,实体店没有竞争力,它上面有充分交易,但毕竟不是交互。

李光斗:未来是多屏时代,屏生活,连家里镜子都是一个屏,早晨起来缺什么化妆品就可以点击购买;我们的冰箱未来也是这样,能保证随时新鲜购物。这方面海尔非常有想象力,未来加上虚拟技术,改变了人的环境,在真正的屏生活时代,全世界的消费品招之即来挥之即去。

张瑞敏:电子商务真的很厉害,它解决的是有无限的东西让你选择;但到后电商时代,一定不是让你无限选择,而是以你为中心,分门别类供你选择,海尔也希望做有成就的互联网入口。

李光斗:这方面海尔有什么战略准备没有?

张瑞敏:现在我们正在力推的是先把电器变成网器,再把网器和这些用户充分沟通,做成家庭生活的商业生态圈,比如你用冰箱今天定的鸡蛋明天就到了,你要什么,一点就送来。

李光斗：海尔手机从市场上退出了吗？

张瑞敏：没有，我们只是不想搞现在的传统手机，按照互联网时代做出一种穿戴式装备。

李光斗：十年前我曾说：品牌战是全球化留给中国的最后机会，未来中国的发展也还是要靠品牌创新。本届政府对于国家品牌战略更加重视，发了多次文件，一个国家要有自己的品牌战略。看来我们这十年机会把握得不是很好，一旦经济波动，我们就遇到非常大的挑战。海尔这些年，尤其是2000年以后，你觉得海尔错过了哪些成长的机会吗？

张瑞敏：如果从海尔自己现在抓的互联网方向来说，我觉得还是抓得很早，但是如果按照现在一定要把互联网的模式搞出来，这方面还有很大的差距，毕竟现在全世界没有一个传统企业搞出来互联网时代的新模式。在这个过程中，我们方向没有变，而且我们很坚定。过程当中，我们允许试错，也走了很多弯路，这个我觉得都很正常。

2. 对话陈年：黑天鹅频现，如何反脆弱？

陈年早期曾与雷军联合创办卓越网，后来在 2007 年创立凡客，因"凡客体"风靡全国，辉煌时企业估值 30 亿美元，但随后遭遇危机，在裁减万名员工后，陈年和他的凡客经历了怎样的重生？借助"总裁读书会"的平台，围绕《反脆弱》这部风靡全球，被誉为指导人们在"黑天鹅"世界中持续生存的著作，从辉煌到脆弱，再到反脆弱，李光斗与陈年进行了一场深度对话。

陈年：《反脆弱》的作者塔勒布在他的另一本著作《黑天鹅》中说，火鸡的命运就是人类的命运。这体现了塔勒布对现代社会的见解：这个世界不可预测。包括后来的两次世界大战、原子弹爆炸等影响人类历史进程的大事，其实都不可预测。无论个体的人，还是整体的社会，其存在都是脆弱的。但是，"当一个人以绝对的真诚评判这个世界或者周围的人和事的时候，他在道德上是自由的。"

传说有一个王子特别害怕被人毒死，作为应对他每天吃适量毒药，以至后来想要毒死他的王后送多少毒药都毒不死他，当然，最直接的方式还是把他的头砍了。当塔勒布论述这个概念时，没有用"坚强""强大""坚固"等类似听起来明确的字眼，而是用了"反脆弱"。尼采说"杀不死我的使我更强大"，这个太鸡汤，我特别不爱说。强大不是反脆弱，反脆弱是说，越挫越柔韧，越有生命力。反脆弱就是多大的强力也打不死他，相反，当他一次次受到伤害，一点一点的毒药反而使他的生命力更强。就像医学的脱敏疗法，每天一点点，到最后可以产生抵抗力。

凡客在 2013 年、2014 年是受伤过来的。2013 年时，我想凡客不要一万人、三千人，怎么也得两千人吧，毕竟也是一个价值几亿的品牌。当我还期待我们需要两三千人的时候，其实那就是脆弱，贪婪是脆弱，虚荣是脆弱。

与其每天给自己一点鼓励，不如不怕伤害，每天多受一点伤害。这也许是今天对《反脆弱》最通俗的解释。通常人们期待预测结果，因为太希望看到果，人的思维习惯了因果关系，但无论自然界还是现实社会，一次次证明，把"因"真正找出来是不可能的。就像过去十几年，"复杂理论""混沌理论""蝴蝶效应"……这些都对我们原先习惯的那种对现代社会描述的因果关系形成破坏。人们迷恋因果关系的预测，所以经常想象自己的上限利益，也就是利益最大化，相反却很少考虑自己的下限损失。但事实是，我们没有能力做预测。

世界如此可怕，到底怎么过呢？天意不可测，我们要做好自己的本分，也就是敬天爱人。凡客的本分就是要做言之成理、言之有物的产品，解决所有的所以然，做独一无二的产品，包括风格、品质、性价比。我们今年做衬衫、帆布鞋、羽绒服……我们还干了一件很有个性的事，就是把我喜欢的，像穆旦的诗、马尔克斯的句子，还有张爱玲的句子印到T恤上，画出我们独特的图案，为什么这么干？因为我们找了全球很多设计师，画了无数图案，然后投票做预测，但结果都很差。当然，最后当一些T恤卖不出去时，当初投票预测的人不会为这些T恤的库存负责。所以今年不投票了，我们提了三句话"不商量""不讨好""我喜欢"。我喜欢穆旦，喜欢张爱玲，喜欢马尔克斯，管别人喜不喜欢，反正我先做我喜欢的事情。过去凡客从找代言人，再到抱苍老师，所有这些太长时间都是想讨好太多人。

李光斗：陈年打开了新的思路——为什么我们要反脆弱？中国哲学讲越刚强的东西越容易断裂。脆弱其实就在我们的社会里，当你不断被伤害时，可能最后反而坚强起来。电影《大空头》跟这些内容非常相关，它讲，当真正的不确定性到来时，你能否全身而退。我想问，虽然你说"反脆弱"改变了你的世界观，称以前所有东西都是垃圾，但如果现在再遇到这种比如移动互联网泡沫破裂，陈年的凡客能否全身而退？"反脆弱"能不能让凡客和陈年更坚强？

陈年：李老师的提问很直接，所谓暴露在危险中，就是你的薄弱环节暴露越多，你未来的不确定性带给你的未知伤害可能更大。以凡客为例，当凡客快速扩张时，做了很多门类，这其中不见得所有环节都做得不好，但薄弱环节肯定越来越多。尤其在企业做大、快速扩张时，危机就蕴藏其中。

今天凡客只有160多人，数量接近过去的1%。今天凡客的库存量只有不到50万件，远低于过去的1/100，但是规模还不小。通过这样的方式，凡客把暴露在风险里的薄弱环节一个个拔掉。我们意识到，回归企业的本分，做独一无二的产品，不管时代如何变迁，就可以有效化解危机。

李光斗：希望把自己的产品做成独一无二，这是非常有情怀的一件事。但工业化、规模化的现代社会，同时也是产生工业垃圾（这个词不一定是负面词汇）的社会。在工业化的时代背景下，当你的产品没法和别人做到差异时，怎么办？你可以标榜自己的鞋子独一无二，但消费者没办法认可你的一定比耐克、阿迪、新百伦更好。消费者的最终选择会摇摆，而凡客的风险就恰在此处。在时代强压下，没办法应对。这与产品完美与否无关。就像分布最广、最成功的食品连锁机构，其实卖的是垃圾食品（工业化食品一定不如私家小厨更有情怀）。全世界都有专门的反垃圾食品联盟，但是我们还是要吃麦当劳、肯德基,因为赶时间,汉堡成为人们的首选。当大家的产品都一致时,除了把产品做到独一无二,还有没有其他措施?

我到西雅图逛第一家星巴克店买了一个马克杯,回国托运时,行李员在包裹上贴了一个易碎的标志。我好奇地问到,这样搬运工人就会小心对待吗?行李员说 No。那为什么还要贴标签呢?原来这只是一个心理安慰。真正确保杯子不碎的办法只有两个:要么用非常好的保护措施,一层层海绵把它包起来;要么把它带在身上。只有这两个选择。陈年看完《反脆弱》,否定了以前所有的东西,知今是而昨非,一朝被蛇咬,十年怕井绳。但《反脆弱》是一个不可能的任务,我们不可能从未知中、从不确定性中获益。

我在北京将近 20 年,回想起来发现唯一没有忽悠我的是售楼小姐。她们每次都劝我赶紧买房、多买房,但我从自身的经济学训练中认为,全世界没有一个国家在奥运会之后房价会不跌。当时我认识好几个售楼小姑娘,她们说李老师,你听我的,赶紧的,不限购,你交定金,我们到时候帮你把房子卖出去。我说你放心,奥运会之后房价一定跌,这是我对未来的预测。但是结果"黑天鹅"出现了。

我跟陈年对这本书是两种理解,我觉得我们不可能从不确定中获益,而黑天鹅事件永远会发生,但问题是不知道它什么时候发生。比尔·盖茨很有危机感,他说微软还有 18 个月就会倒闭。可尽管微软几乎错过了所有互联网、移动互联网时代的新商业机会,但并没有倒下，因为太强大了，形成了路径依赖。但它的操作系统用陈年的话来说就是"垃圾"。

凡客现在可能形成了新一轮挑战。我觉得陈年是个读书人，大家不要从商人的角度理解他，他曾是非常有情怀的杂志主编。但面对经济可能触底的压力，单凭工匠精神，或者只是把产品做到极致，凡客能否成功避险或者脱颖而出？

陈年：一个企业、一个品牌，形形色色的组织，没有任何一本书或一个人可以助其度过一生。我们每天的挣扎、痛苦、喜悦，都是自己的。李老师的提问很严肃，我今天的体会是，品牌、产品都不会一招制敌，不是独一无二的产品一定如何。它们都是偶然事件，都是幸运的。所有事情都是一个过程，跟人生一样漫长，日复一日，就像人到中年，所有的挣扎都是常态。收获了是惊喜、是意外，都不容易。这就离开了这本书。不是读完这本书就能把你的人生搞定。我前两天还在看一本小时候看过的书，弗洛姆的《爱的艺术》。

为什么突然说到这本书？它把如何爱人、如何爱世界，写得很通透。但弗洛姆的一生在爱的问题上却非常挣扎，他的五段恋情全以失败告终。即使《爱的艺术》的作者，也解决不了爱的难题。

李光斗：他如果只爱一个人，一定写不出《爱的艺术》。陈年是用艺术的方法来回答我的问题。这个世界唯一不变的就是变化，唯一确定的就是不确定。此处穿插一个社会话题，在被陈年称为"小事"的王宝强马蓉事件中,有人说马蓉是马金莲,是垃圾,请问你认可这个观点吗?或者认为她有选择的合理性?

陈年:这是个坑,大家都看出来了。这个话题我觉得伤感,尤其看到大家在互联网上万箭齐发声讨别人的时候。我们都是局外人,我们任何一个人,换作其中,被这个世界如此说三道四,你会不会悲愤和无奈?所以我不评判,我只是觉得伤感,看热闹就怕事不大嘛,所以我不知道我们为什么今天还在谈这个话题。

李光斗:陈年非常有情怀,他用新闻发言人的艺术回避了这个话题,但我为什么要讲这个话题,如果塔勒布在现场,他一定会说这个话题,答案就在《反脆弱》这本书的第128页,有一节叫"千万别嫁给摇滚明星"。

他说女性在选择恋人时,最刺激的是不确定性,因为你不知道明天会发生什么，不知道恋人会给你什么样的浪漫，你觉得他非常可爱。但当你要选择结婚对象时，你要选择的是确定性——确定有没有房子、确定他的职业怎样。塔勒布是黎巴嫩人，会六国语言，他的一生就是从不确定性中获益，每次股灾都能全身而退，每次互联网泡沫，他的资本公司都盈利颇丰。这样一位具备出色实战能力的商人和交易员，给美女的建议是，要嫁给有确定职业的人，比如会计师、律师、牙医等类似的稳定职业人。但他又说，不妨找一个摇滚明星做情人，因为当你拥有了确定性后，就像张爱玲的"红玫瑰""白玫瑰"，你把红玫瑰娶回家，就天天想着白玫瑰；把白玫瑰娶回家，天天想着红玫瑰。所以我的问题不是评论到底马蓉垃圾，还是王宝强如何。此时此刻，不对他们双方的立场站队。但借助塔勒布的观点，可以给出一个合理解释：马蓉的选择是当下社会风气的必然结果。

对于未来，陈年现在自信找到了确定性，就要做 N 个独一无二的产品，但按照"反脆弱"的观点，这其实是虚幻和不确定的，未来还会遇到巨大危机。届时该怎么应对，所谓"独一无二的产品"，在未来是否会变得刚强、不被压垮？

陈年：过度追逐利益最大化，或者避免最大损失时，必须保证手里有足够现金，这是非常重要的事。我有一个粉丝，他晚上很忙，要跟会计对账。因为关注公司现金流很重要，库存意味着现金压力，千万不要把库存不当钱。所以做品牌，我们最大的教训是，要时刻关注现金流，时刻关注库存周转，如果库存周转不灵，宁肯少做。实际上，今天我们熟悉的公司在这方面都做得很好，例如苹果，虽然手里现金流巨大，但并不做过多投资，而是一直搞饥饿营销，不做库存。把情怀的东西放在一边，这是非常严肃和苛刻的话题，要时刻关注自己的现金流和库存周转，没别的招儿。在这个过程中，回到做生意的最根本。

李光斗：生意的最基本原则是什么？是创造顾客，没有顾客你的公司就瓦解了。所以在创造收入的同时，一定要知道顾客有没有重复购买你的东西，很多中国老字号原本很有情怀，但渐渐变得疲软，这是因为旧的消费者退出，而新的顾客没有跟进。

陈年：独一无二的产品还是最重要的。在北土城西路有一家餐馆，特别不起眼，脏兮兮的，但因为口味好，我吃了17年，最疯狂时一周吃两次，现在还在。《反脆弱》讲到产品创新时作者说："看来只要有口碑，这就是好产品。"

李光斗：有时产品主义一定要加上品牌，比如男人穿鞋是为舒服，但女人有时就是故意跟自己过不去，没有女孩不穿高跟鞋。有些产品是为舒适而设计，比如家里的沙发。但有些产品是为了让人不舒服，像红木家具。中国传统的几案是为了矫正坐姿，当你坐在八仙桌前、太师椅上，不能做葛优瘫，这就是行为规范。因此，除了舒服的产品，人们同样需要不舒服的产品。这就是逼格，品牌。

再比如女士内衣市场，某天遇到巨大挑战：无钢圈文胸的需求量突然变大，以至全中国都缺货。这可能是自然主义的回归，女人想让自己舒服了。因为这个产品的供货能力不足，所以很多厂家反而业绩下滑，甚至由此导致某上市公司的股票价格也大幅下跌。所以，当我们用简单的产品主义规划未来时，会陷入一种不确定性的陷阱里。产品、品牌都要抓，不能只是产品主义。

焦虑是不是好事？有人曾分析飞机发生空难的原因，在人为因素中，发现过于自信的机长往往是飞机事故的元凶。因为他过于自信，认定即使降落失败，也一定能重新拉起来，于是最后的失败几率大大增加。所以和保持确定性、每天都乐观向上的空姐相比，机长不能太没焦虑感。从这个层面看，脆弱反而是好东西。当你意识到脆弱时，会有一种敬畏。这就是中国哲学里的敬天爱人。

所谓"反脆弱"是在坦然接受不确定后，事物会在压力中逆势生长，这也是《反脆弱》的一个矛盾——反脆弱最后是反不了的。你要不断接受压力测试，哪怕只是轻度焦虑都是好事。人们向来认为谁成功就追捧谁，但只有真正经历过失败的人，才能重新站起面对未来，这才是真正的企业家，拥有真正有说服力的情怀。这不是说他又经历了一次盲目的失败，而是从不确定中寻找确定性。

陈年：没有一招制敌，一本书解决不了企业的问题，也解决不了人生的问题。它可能只是提供一种思路。不是这本书启发我去做什么，而是正好那个过程里它陪伴了我，互相印证，也许我只是取我所需，也许当时字里行间，我只是看我当时所思所想，正合我意的就拿下，不合我意的就略过。

人生就像当你回首往事，没有原因，那就是你的人生。不同时空不同境遇，这就是一期一会。

我非常反感鸡汤，觉得鸡汤就像高跟鞋，看着漂亮其实害人。在一定的生活空间中，如果因为屈服主流文化而折腾自己，比如非得对一个八卦发表看法，非得站边，非得穿高跟鞋，非得热泪盈眶……那不是我喜欢的人生。2014—2015年那段时间，这本书陪伴了我。我那么喜欢现代性，但这本书把现代性打得破碎。

凡客已经走过九年时间,一个品牌能这样起起伏伏,它的故事是精彩的。

李光斗:希望凡客越折腾越好。反脆弱,同时不瞎折腾。折腾是对的,因为本身就脆弱,没有确定性,所以在不确定性中要不断折腾出新花样。

陈年:过去两年投资环境很恶劣,中国经济面临很大困难。我想过去烧钱的时代,恐怕我们的本事就是烧钱。我希望时刻问问自己的真本事到底是什么?这两年我经常想这个问题,创业只是一个说法,我相信,活得久的手艺人也好,什么也好,还是回到自己的真本事。

李光斗:"书到用时方恨少,事非经过不知难。"是励志鸡汤、分享成功,还是往事如风、不堪回首?这就是经历和没经历的区别。人生是一条单行道,我们回不到从前,恋人也回不到从前,企业家也回不到从前。小时候有一个童话叫"再生石",说上帝造人时留了一个 bug,每个人如果对这辈子不满意可以重活一次,但当上帝真给这个机会的时候,没有人选择重活一次。年轻人应该更多去经历,当你自己也经历成功和失败时,才真正知道什么是经验。

陈年:李老师刚才说"再生石"中上帝留的那个 bug,其实我想问,如果有来生,你会重新选择你的初恋吗?其实当你认真思考这个问题时会发现,你的人生无可替代。你就属于那段时空,你去否定它，就是对你人生最大的背叛。所以，不存在这个问题。

李光斗：关于未来，有一个罗马俱乐部的故事。20世纪70年代，关于人类未来到底是乐观还是悲观，有两拨人吵得不可开交。最后，罗马俱乐部决定把悲观的人放一块儿，乐观的人放一块儿。悲观的人做出一个关于未来的报告《增长的极限》，预言伴随能源枯竭，地球最后将毁灭。与此相反，乐观的人也出了本书《增长的无限》，论述地球资源面临枯竭时，人类总能找到新办法进行替代。

大数据能让人类更聪明吗？举例说，北京什么时候更堵车？是每个人都用智慧地图的时候。手机导航说哪条路不堵，然后大家都往那条路去，瞬间那条路变得水泄不通。未来唯一确定的就是不确定性，这也是我们要反脆弱的原因。当我们出门时，不知道会发生什么。

大数据解决不了未来生活，它可能画一个图，告诉你未来的男友买的房子在什么城市，但不能告诉你什么样的男友更适合你。7月份中国房地产数据发布了，没想到去库存政策导致房价全面上涨，一二线城市涨完，三四线城市跟着涨。房价会继续涨吗？答案是肯定的，但黑天鹅事件什么时候出现？什么时候大陆的房地产价格下跌？谁都预测不了。有人说，北京房价会突破40万一平米，这绝对是黑天鹅事件，因为北京40万一平米的房子已经有了，学区房，这就是不确定性。对此，企业怎么办？唯有战战兢兢，如履薄冰地应对，才不会被脆弱压垮。

现在凡客要做独一无二的产品，这是说给大家听的。做企业最关注的是消费者的需求。可能以前凡客做很大时，关注消费者需求较弱；但现在做小了，在关注消费者需求的同时，又开始做大，从做好衬衫，到做好牛仔裤，再到鞋、羽绒服。如果下次还出问题，可能还是败在一个地方。人的错误会不断重演，人改变不了自己的性格。但只要不忘记消费者，一直关注消费需求，就不会失败。

陈年：能搞定我就做，搞不定我就不做。如果这个事我没整明白，我就不干。这等于把自己能力的界限划出来。这样就少犯错误。

李光斗：这是一个极致的状态，一切从用户主义出发，未来的消费者一定是小众的。具备魅力人格体、有情怀的品牌，我们称为新品牌主义。而新品牌主义一定要时刻和消费者沟通。《反脆弱》的另一个观点是不偏执，不像弹簧（压过后再弹起），压力越大，反而可能爆掉。因为脆弱所以要不断试错，产品主义和用户主义要结合。

读书的第一个阶段，总希望找出名言警句，然后在吹嘘时引经据典，这就错了。真知不一定是哪句格言。对于读书，我认为读书时要真正理解作者，懂得为什么书的作者值得敬重。与此相反，很多股评家就不值得敬重，很多人被误导深受其害。

一些学科给出规律后，在现实中总能找到相反例证。比如科学家认为，一个大气压下，水在零度会结冰，但现实并非一定如此。

这是向左或向右的分歧。所以"杀不死你的使你更强大",这句话可以再斟酌。人随时处在危险中,细菌会使你更强大,但接触病菌数量的临界点很难把握。有人说现代人是在垃圾场里觅食,一个在垃圾场里觅食的人,相比生活在真空世界的人,应该更强大。但这种强大有意义吗?这也是我们终极追问的,到底要怎样反脆弱?

陈年本身是一个策划大师,抱过苍井空、用过韩寒……但最后发现,当品牌知名度很大时,5 000万的库存对他的打击非常大。但不要"一朝被蛇咬,十年怕井绳",品牌是和消费者沟通的最好工具,陈年有那么多粉丝,是因为他的情怀。大家现在还记得陈年,是因为他做了很多有意义的事。他在追求,在这条路上大家一起反脆弱。做产品的过程一定也是策划的过程,选择的过程就是舍弃的过程。

或许可以这样说,品牌有自己的生命周期。现在流行讲"偏执狂才能生存",但不要从一个极端走到另一个极端。认定服装就是穿着舒服就错了,因为很多服装就是让你穿着不舒服(比如西装),所以在舒服和不舒服之间,一定要找到平衡点。中国人现在还没找到自己服装的表达方式。伴随大国崛起,如何找到自己的表达方式,是一件非常困难的事。像日本,这样一个热衷西化的民族也在寻找。只要找到这种思维方式,品牌就会有无限的想象力。

图书在版编目（CIP）数据

互联网下半场/李光斗著．—北京：中国人民大学出版社，2017.8
ISBN 978-7-300-24643-7

Ⅰ.①互… Ⅱ.①李… Ⅲ.①互联网络-应用-企业管理-研究 Ⅳ.①F272.7

中国版本图书馆 CIP 数据核字（2017）第 155932 号

互联网下半场
李光斗　著
Hulianwang Xiabanchang

出版发行	中国人民大学出版社		
社　　址	北京中关村大街 31 号	邮政编码	100080
电　　话	010-62511242（总编室）		010-62511770（质管部）
	010-82501766（邮购部）		010-62514148（门市部）
	010-62515195（发行公司）		010-62515275（盗版举报）
网　　址	http://www.crup.com.cn		
	http://www.ttrnet.com（人大教研网）		
经　　销	新华书店		
印　　刷	北京联兴盛业印刷股份有限公司		
规　　格	145 mm×210 mm　32 开本	版　　次	2017 年 8 月第 1 版
印　　张	10.625　插页 2	印　　次	2017 年 11 月第 4 次印刷
字　　数	185 000	定　　价	59.00 元

版权所有　侵权必究　印装差错　负责调换